心一堂術數珍本古籍叢刊

書名：千里命稿【新修訂版】
系列：心一堂術數古籍珍本叢刊 星命類 第一輯 27
作者：【民國】韋千里
主編、責任編輯：陳劍聰
心一堂術數古籍珍本叢刊編校小組：陳劍聰 素聞 梁松盛 鄒偉才 虛白盧主

出版：心一堂有限公司
通訊地址：香港九龍旺角彌敦道六一〇號荷李活商業中心十八樓〇五—〇六室
深港讀者服務中心：中國深圳市羅湖區立新路六號羅湖商業大廈負一層〇〇八室
電話號碼：(852)67150840
網址：publish.sunyata.cc
電郵：sunyatabook@gmail.com
網店：http://book.sunyata.cc
淘寶店地址：https://shop210782774.taobao.com
微店地址：https://weidian.com/s/1212826297
臉書：https://www.facebook.com/sunyatabook
讀者論壇：http://bbs.sunyata.cc/

版次：二零一五年一月初版
平裝

港幣 九十八元正
定價：人民幣 九十八元正
新台幣 三百八十元正

國際書號：ISBN 978-988-8316-28-1

香港發行：香港聯合書刊物流有限公司
地址：香港新界大埔汀麗路36號中華商務印刷大廈3樓
電話號碼：(852)2150-2100
傳真號碼：(852)2407-3062
電郵：info@suplogistics.com.hk

台灣發行：秀威資訊科技股份有限公司
地址：台灣台北市內湖區瑞光路七十六巷六十五號一樓
電話號碼：+886-2-2796-3638
傳真號碼：+886-2-2796-1377
網絡書店：www.bodbooks.com.tw
台灣國家書店讀者服務中心：
地址：台灣台北市中山區松江路二〇九號一樓
電話號碼：+886-2-2518-0207
傳真號碼：+886-2-2518-0778
網絡書店：http://www.govbooks.com.tw

中國大陸發行 零售：深圳心一堂文化傳播有限公司
深圳地址：深圳市羅湖區立新路六號羅湖商業大廈負一層〇〇八室
電話號碼：(86)0755-82224934

心一堂微店二維碼

心一堂淘寶店二維碼

心一堂術數古籍 珍本 整理 叢刊 總序

術數定義

術數，大概可謂以「推算（推演）、預測人（個人、群體、國家等）、事、物、自然現象、時間、空間方位等規律及氣數，並或通過種種『方術』，從而達致趨吉避凶或某種特定目的」之知識體系和方法。

術數類別

我國術數的內容類別，歷代不盡相同，例如《漢書・藝文志》中載，漢代術數有六類：天文、曆譜、五行、蓍龜、雜占、形法。至清代《四庫全書》，術數類則有：數學、占候、相宅相墓、占卜、命書、相書、陰陽五行、雜技術等，其他如《後漢書・方術部》、《藝文類聚・方術部》、《太平御覽・方術部》等，對於術數的分類，皆有差異。古代多把天文、曆譜、及部分數學均歸入術數類，而民間流行亦視傳統醫學作為術數的一環；此外，有些術數與宗教中的方術亦往往難以分開。現代民間則常將各種術數歸納為五大類別：命、卜、相、醫、山，通稱「五術」。

本叢刊在《四庫全書》的分類基礎上，將術數分為九大類別：占筮、星命、相術、堪輿、選擇、三式、讖諱、理數（陰陽五行）、雜術（其他）。而未收天文、曆譜、算術、宗教方術、醫學。

術數思想與發展——從術到學，乃至合道

我國術數是由上古的占星、卜筮、形法等術發展下來的。其中卜筮之術，是歷經夏商周三代而通過「龜卜、蓍筮」得出卜（筮）辭的一種預測（吉凶成敗）術，之後歸納並結集成書，此即現傳之《易

經》。經過春秋戰國至秦漢之際，受到當時諸子百家的影響、儒家的推崇，遂有《易傳》等的出現，原本是卜筮術書的《易經》，被提升及解讀成有包涵「天地之道（理）」之學。因此，《易・繫辭傳》曰：「易與天地準，故能彌綸天地之道。」

漢代以後，易學中的陰陽學說，與五行、九宮、干支、氣運、災變、律曆、卦氣、讖緯、天人感應說等相結合，形成易學中象數系統。而其他原與《易經》本來沒有關係的術數，如占星、形法、選擇，亦漸漸以易理（象數學說）為依歸。《四庫全書・易類小序》云：「術數之興，多在秦漢以後。要其旨，不出乎陰陽五行，生尅制化。實皆《易》之支派，傳以雜說耳。」至此，術數可謂已由「術」發展成「學」。

及至宋代，術數理論與理學中的河圖洛書、太極圖、邵雍先天之學及皇極經世等學說給合，通過術數以演繹理學中「天地中有一太極，萬物中各有一太極」（《朱子語類》）的思想。術數理論不單已發展至十分成熟，而且也從其學理中衍生一些新的方法或理論，如《梅花易數》、《河洛理數》等。

在傳統上，術數功能往往不止於僅僅作為趨吉避凶的方術，及「能彌綸天地之道」的學問，亦有其「修心養性」的功能，「與道合一」（修道）的內涵。《素問・上古天真論》：「上古之人，其知道者，法於陰陽，和於術數。」數之意義，不單是外在的算數、歷數、氣數，而是與理學中同等的「道」、「理」——心性的功能，北宋理氣家邵雍對此多有發揮：「聖人之心，是亦數也」、「萬化萬事生乎心」、「心為太極」。《觀物外篇》：「先天之學，心法也。……蓋天地萬物之理，盡在其中矣，心一而不分，則能應萬物。」反過來說，宋代的術數理論，受到當時理學、佛道及宋易影響，認為心性本質上是等同天地之太極。天地萬物氣數規律，能通過內觀自心而有所感知，即是內心也已具備有術數的推演及預測、感知能力；相傳是邵雍所創之《梅花易數》，便是在這樣的背景下誕生。

《易・文言傳》已有「積善之家，必有餘慶；積不善之家，必有餘殃」之說，至漢代流行的災變說及讖緯說，我國數千年來都認為天災，異常天象（自然現象），皆與一國或一地的施政者失德有關；下至家族、個人之盛衰，也都與一族一人之德行修養有關。因此，我國術數中除了吉凶盛衰理數之外，人心的德行修養，也是趨吉避凶的一個關鍵因素。

術數與宗教、修道

在這種思想之下，我國術數不單只是附屬於巫術或宗教行為的方術，又往往是一種宗教的修煉手段--通過術數，以知陰陽，乃至合陰陽（道）。「其知道者，法於陰陽，和於術數。」例如，「奇門遁甲」術中，即分為「術奇門」與「法奇門」兩大類。「法奇門」中有大量道教中符籙、手印、存想、內煉的內容，是道教內丹外法的一種重要外法修煉體系。甚至在雷法一系的修煉上，亦大量應用了術數內容。此外，相術、堪輿術中也有修煉望氣（氣的形狀、顏色）的方法；堪輿家除了選擇陰陽宅之吉凶外，也有道教中選擇適合修道環境（法、財、侶、地中的地）的方法，以至通過堪輿術觀察天地山川陰陽之氣，亦成為領悟陰陽金丹大道的一途。

易學體系以外的術數與的少數民族的術數

我國術數中，也有不用或不全用易理作為其理論依據的，如揚雄的《太玄》、司馬光的《潛虛》。也有一些占卜法、雜術不屬於《易經》系統，不過對後世影響較少而已。

外來宗教及少數民族中也有不少雖受漢文化影響（如陰陽、五行、二十八宿等學說。）但仍自成系統的術數，如古代的西夏、突厥、吐魯番等占卜及星占術，藏族中有多種藏傳佛教占卜術、苯教占卜術、擇吉術、推命術、相術等；北方少數民族有薩滿教占卜術；不少少數民族如水族、白族、布朗族、佤族、彝族、苗族等，皆有占雞（卦）草卜、雞蛋卜等術，納西族的占星術、占卜術，彝族畢摩的推命術、占卜術……等等，都是屬於《易經》體系以外的術數。相對上，外國傳入的術數以及其理論，對我國術數影響更大。

曆法、推步術與外來術數的影響

我國的術數與曆法的關係非常緊密。早期的術數中，很多是利用星宿或星宿組合的位置（如某星在某州或某宮某度）付予某種吉凶意義，并據之以推演，例如歲星（木星）、月將（某月太陽所躔之宮次）等。不過，由於不同的古代曆法推步的誤差及歲差的問題，若干年後，其術數所用之星辰的位置，已與真實星辰的位置不一樣了；此如歲星（木星），早期的曆法及術數以十二年為一周期（以應地支），與木星真實周期十一點八六年，每幾十年便錯一宮。後來術家又設一「太歲」的假想星體來解決，是歲星運行的相反，週期亦剛好是十二年。而術數中的神煞，很多即是根據太歲的位置而定。又如六壬術中的「月將」，原是立春節氣後太陽躔娵訾之次而稱作「登明亥將」，至宋代，因歲差的關係，要到雨水節氣後太陽才躔娵訾之次，當時沈括提出了修正，但明清時六壬術中「月將」仍然沿用宋代沈括修正的起法沒有再修正。

由於以真實星象周期的推步術是非常繁複，而且古代星象推步術本身亦有不少誤差，大多數術數除依曆書保留了太陽（節氣）、太陰（月相）的簡單宮次計算外，漸漸形成根據干支、日月等的各自起例，以起出其他具有不同含義的眾多假想星象及神煞系統。唐宋以後，我國絕大部分術數都主要沿用這一系統，也出現了不少完全脫離真實星象的術數，如《子平術》、《紫微斗數》、《鐵版神數》等。後來就連一些利用真實星辰位置的術數，如《七政四餘術》及選擇法中的《天星選擇》，也已與假想星象及神煞混合而使用了。

隨着古代外國曆（推步）、術數的傳入，如唐代傳入的印度曆法及術數，元代傳入的回回曆等，其中我國占星術便吸收了印度占星術中羅睺星、計都星等而形成四餘星，又通過阿拉伯占星術而吸收了其中來自希臘、巴比倫占星術的黃道十二宮、四大（四元素）學說（地、水、火、風），並與我國傳統的二十八宿、五行說、神煞系統並存而形成《七政四餘術》。此外，一些術數中的北斗星名，不用我國傳統的星名：天樞、天璇、天璣、天權、玉衡、開陽、搖光，而是使用來自印度梵文所譯的：貪狼、巨門、祿存、文曲，廉貞、武曲、破軍等，此明顯是受到唐代從印度傳入的曆法及占星術所影響。如星命術中的《紫微斗數》及堪輿術中的《撼龍經》等文獻中，其星皆用印度譯名。及至清初《時憲曆》，置閏之法則改用西法「定氣」。清代以後的術數，又作過不少的調整。

此外，我國相術中的面相術、手相術，唐宋之際受印度相術影響頗大，至民國初年，又通過翻譯歐西、日本的相術書籍而大量吸收歐西相術的內容，形成了現代我國坊間流行的新式相術。

陰陽學——術數在古代、官方管理及外國的影響

術數在古代社會中一直扮演着一個非常重要的角色，影響層面不單只是某一階層、某一職業、某一年齡的人，而是上自帝王，下至普通百姓，從出生到死亡，不論是生活上的小事如洗髮、出行等，大事如建房、入伙、出兵等，從個人、家族以至國家，從天文、氣象、地理到人事、軍事，從民俗、學術到宗教，都離不開術數的應用。我國最晚在唐代開始，已把以上術數之學，稱作陰陽（學），行術數者稱陰陽人。（敦煌文書、斯四三二七唐《師師漫語話》：「以下說陰陽人謾語話」，此說法後來傳入日本，今日本人稱行術數者為「陰陽師」）。一直到了清末，欽天監中負責陰陽術數的官員中，以及民間術數之士，仍名陰陽生。

古代政府的中欽天監（司天監），除了負責天文、曆法、輿地之外，亦精通其他如星占、選擇、堪輿等術數，除在皇室人員及朝庭中應用外，也定期頒行日書、修定術數，使民間對於天文、日曆用事吉凶及使用其他術數時，有所依從。

我國古代政府對官方及民間陰陽學及陰陽官員，從其內容、人員的選拔、培訓、認證、考核、律法監管等，都有制度。至明清兩代，其制度更為完善、嚴格。

宋代官學之中，課程中已有陰陽學及其考試的內容。（宋徽宗崇寧三年〔一一零四年〕崇寧算學令：「諸學生習……並曆算、三式、天文書。」「諸試……三式即射覆及預占三日陰陽風雨。天文即預

定一月或一季分野災祥，並以依經備草合問為通。」

金代司天臺，從民間「草澤人」（即民間習術數人士）考試選拔：「其試之制，以《宣明曆》試推步，及《婚書》、《地理新書》試合婚、安葬，並《易》筮法，六壬課、三命、五星之術。」（《金史》卷五十一・志第三十二・選舉一）

元代為進一步加強官方陰陽學對民間的影響、管理、控制及培育，除沿襲宋代、金代在司天監掌管陰陽學及中央的官學陰陽學課程之外，更在地方上增設陰陽學課程（《元史・選舉志一》：「世祖至元二十八年夏六月始置諸路陰陽學。」）地方上也設陰陽學教授員，培育及管轄地方陰陽人。（《元史・選舉志一》：「（元仁宗）延祐初，令陰陽人依儒醫例，於路、府、州設教授員，凡陰陽人皆管轄之，而上屬於太史焉。」）自此，民間的陰陽術士（陰陽人），被納入官方的管轄之下。

至明清兩代，陰陽學制度更為完善。中央欽天監掌管陰陽學，明代地方縣設陰陽學正術，各州設陰陽學典術，各縣設陰陽學訓術。陰陽人從地方陰陽學肆業或被選拔出來後，再送到欽天監考試。（《大明會典》卷二二三：「凡天下府州縣舉到陰陽人堪任正術等官者，俱從吏部送（欽天監），考中，送回選用；不中者發回原籍為民，原保官吏治罪。」）清代大致沿用明制，凡陰陽術數之流，悉歸中央欽天監及地方陰陽官員管理、培訓、認證。至今尚有「紹興府陰陽印」、「東光縣陰陽學記」等明代銅印，及某某縣某某之清代陰陽執照等傳世。

清代欽天監漏刻科對官員要求甚為嚴格。《大清會典》「國子監」規定：「凡算學之教，設肄業生。滿洲十有二人，蒙古、漢軍各六人，於各旗官學內考取。漢十有二人，於舉人、貢監生童內考取。附學生二十四人，由欽天監選送。教以天文演算法諸書，五年學業有成，舉人引見以欽天監博士用，貢監生童以天文生補用。」學生在官學肄業、貢監生肄業或考得舉人後，經過了五年對天文、算法、陰陽學的學習，其中精通陰陽術數者，會送往漏刻科。而在欽天監供職的官員，《大清會典則例》「欽天監」規定：「本監官生三年考核一次，術業精通者，保題升用。不及者，停其升轉，再加學習。如能黽勉供職，即予開復。仍不及者，降職一等，再令學習三年，能習熟者，准予開復，仍不能者，黜退。」除定期考核以定其升用降職外，《大清律例》中對陰陽術士不準確的推斷（妄言禍福）是要治罪的。《大清律例・一七八・術七・妄言禍福》：「凡陰陽術士，不許於大小文武官員之家妄言禍福，違者杖一百。其依經推算星命卜課，不在禁限。」大小文武官員延請的陰陽術士，自然是以欽天監漏刻科官員或地方陰陽官員為主。

官方陰陽學制度也影響鄰國如朝鮮、日本、越南等地，一直到了民國時期，鄰國仍然沿用着我國的多種術數。而我國的漢族術數，在古代甚至影響遍及西夏、突厥、吐蕃、阿拉伯、印度、東南亞諸國。

術數研究

術數在我國古代社會雖然影響深遠，「是傳統中國理念中的一門科學，從傳統的陰陽、五行、九宮、八卦、河圖、洛書等觀念作大自然的研究。……傳統中國的天文學、數學、煉丹術等，要到上世紀中葉始受世界學者肯定。可是，術數還未受到應得的注意。術數在傳統中國科技史、思想史，文化史、社會史，甚至軍事史都有一定的影響。……更進一步了解術數，我們將更能了解中國歷史的全貌。」（何丙郁《術數、天文與醫學中國科技史的新視野》，香港城市大學中國文化中心。）

可是術數至今一直不受正統學界所重視，加上術家藏秘自珍，又揚言天機不可洩漏，「（術數）乃吾國科學與哲學融貫而成一種學說，數千年來傳衍嬗變，或隱或現，全賴一二有心人為之繼續維繫，賴以不絕，其中確有學術上研究之價值，非徒癡人說夢，荒誕不經之謂也。其所以至今不能在科學中成立一種地位者，實有數因。蓋古代士大夫階級目醫卜星相為九流之學，多恥道之；而發明諸大師又故為惝恍迷離之辭，以待後人探索；間有一二賢者有所發明，亦秘莫如深，既恐洩天地之秘，復恐譏為旁門左道，始終不肯公開研究，成立一有系統說明之書籍，貽之後世。故居今日而欲研究此種學術，實一極困難之事。」（民國徐樂吾《子平真詮評註》，方重審序）

現存的術數古籍，除極少數是唐、宋、元的版本外，絕大多數是明、清兩代的版本。其內容也主要是明、清兩代流行的術數，唐宋或以前的術數及其書籍，大部分均已失傳，只能從史料記載、出土文獻、敦煌遺書中稍窺一鱗半爪。

術數版本

坊間術數古籍版本，大多是晚清書坊之翻刻本及民國書賈之重排本，其中豕亥魚魯，或任意增刪，往往文意全非，以至不能卒讀。現今不論是術數愛好者，還是民俗、史學、社會、文化、版本等學術研究者，要想得一常見術數書籍的善本、原版，已經非常困難，更遑論如稿本、鈔本、孤本等珍稀版本。在文獻不足及缺乏善本的情況下，要想對術數的源流、理法、及其影響，作全面深入的研究，幾不可能。

有見及此，本叢刊編校小組經多年努力及多方協助，在海內外搜羅了二十世紀六十年代以前漢文為主的術數類善本、珍本、鈔本、孤本、稿本、批校本等數百種，精選出其中最佳版本，分別輯入兩個系列：

一、心一堂術數古籍珍本叢刊

二、心一堂術數古籍整理叢刊

前者以最新數碼（數位）技術清理、修復珍本原本的版面，更正明顯的錯訛，部分善本更以原色彩色精印，務求更勝原本。并以每百多種珍本、一百二十冊為一輯，分輯出版，以饗讀者。後者延請、稿約有關專家、學者，以善本、珍本等作底本，參以其他版本，古籍進行審定、校勘、注釋，務求打造一最善版本，方便現代人閱讀、理解、研究等之用。

限於編校小組的水平，版本選擇及考證、文字修正、提要內容等方面，恐有疏漏及舛誤之處，懇請方家不吝指正。

心一堂術數古籍　珍本／整理　叢刊編校小組

二零零九年七月序

二零一四年九月第三次修訂

千里命稿

太炎

韋千里小影

序言

祿命之學。由來已久。如言數理者。言星辰者。言子平者。以常情測之。僉依據於子平一書。夫命可信乎。唐呂才有言長平坑卒。曷嘗共犯三刑。南陽貴人。未必盡逢六合。命不可信乎。南史沈攸之嘗言。早知窮達有命。恨不十年讀書。故孔子五十而知天命。孟子曰莫非命也。順受其正。是以知命者。不立乎巖牆之下。然則命之可信與否。其精微奧妙。寂靜感通。誠不易言也。吾儕讀古人書。研摩命理。無非求際遇之順利。聲譽之暢達。素位而行。有從不背。要皆修身之一助耳。丁茲人心澆薄。世道衰微。講求命運。更應趨吉避凶。免非就是。爲當務之急。余不敢謂知命。祇謂推命而已。溯行道以還。所見富貴之命固多。貧賤之命。實亦不少。茲特先集百餘則。公諸同好。並加批註。藉爲研究之資。至因革損益。

論短評長。皆折衷於典籍。若云創作。則吾豈敢。如蒙巨碩宏文。進而教之。更幸甚矣。

民國乙亥夏日浙江嘉興韋千里謹識於春申寓次

千里命稿第一集

松廬主人韋千里編著

蔣介石

丁亥
庚戌
己巳
庚午

初九 己酉
十九 戊申
廿九 丁未
卅九 丙午
四九 乙巳
五九 甲辰
六九 癸卯

此蔣委員長之命也庚金傷官。既得九秋餘氣。剋復雙透干頭。妙有火印制傷。天生康莊之體。三命通會所載。金神入火鄉。貴為王侯者是也。夫以傷官佩印為用。運喜逢印。不必再見傷食。早年申酉。有駿骨牽鹽之歎。丁未運為火力不足。龍潛於淵。迨丙午運。火候功深。風雲際會。功業昭然矣。乙巳運木火媲美。仍是從心所欲。措天下於泰山之安。奠國家於苞桑之固。甲辰運傷官見官。解組歸田是爲上策。

乙酉　丁亥　己丑　甲子

九歲丙戌　十九乙酉　廿九甲申　卅九癸未　四九壬午　五九辛巳　六九庚辰

前黑龍江代理主席郎官普先生久耳余名。客春因公南下。道出海上。手馬占山將軍命造。叩余休咎。爰爲簡批曰。己見亥子丑。病於水盛。助成寒溼。妙有丁火煦融。更喜鄰於乙木。丁獲資助。則驅寒有力。且水生木而木生火。財也殺也印也。生生不息。八字貴重。良有以也。或謂此命天成格局。名化煞者。非篤論也。早年行運。碌碌無奇。行屆未運。中藏乙丁。並含用神喜神。再逢辛未之年。宜乎一鳴驚人。一飛冲天。功立華夏。威震萬方矣。行及壬運。則又以水之助溼。燦燦光明。歸諸平淡。白圭之玷、莫非命也、午運丁火得祿、發揚蹈厲、全國仰之。上馬殺賊。跂予望之、辛運與乙丁丑冲、功成歸隱、頤養天年、斯其時矣。

吳佩孚

甲戌	六歲 己巳
戊辰	十六 庚午
戊申	廿六 辛未
壬子	卅六 壬申
	四六 癸酉
	五六 甲戌
	六六 乙亥

或曰。吳上將軍佩孚命造。為甲戌戊辰己酉丁卯。夫土重遠過於金水木。身太強。財官太弱。標本不均。身世似不類、心滋疑焉。去夏蓬萊李潔盦君。從余學命。書函往還。於請益中。以甲戌戊辰戊申壬子一造見詢。據云係子玉上將軍真命。視其戊土日元、比肩重疊、申子辰會水局、時干透壬。乃身財兩美。旺財生年頭甲木之殺、惟乏之火印以化殺、及金星制殺之為病。故清高氣骨、超類軼羣、

華夏威震。追蹤關岳。可爲武人楷模。惜屢起屢仆。終隱平泉。夫戊午年岳州之戰。庚申年直皖之戰。辛酉年汀泗橋之戰。壬戌年直奉之戰。均占勝利。大有武力統一。安內攘外之冀。此何故也。無非制殺或爲化殺。因是益信殺重之命。最貴乎化與制矣。酉運以流年不濟。備嘗挫阨。英雄氣短。莫非命也。甲運最危。幸在野養晦。可謂知命者矣。刻雖已進戌運。然比肩輔翼。不過蕭境安康。頤樂天年而已。

癸未	十一歲　庚申
辛酉	二一　己未
乙酉	三一　戊午
丁亥	四一　丁巳
	五一　丙辰
	六一　乙卯
	七一　甲寅

前論殺重之命。貴乎制化。今視閻上將錫山命造。更可徵信矣。蓋秋木凋零、

秋金既得其時。又得其祿。殺重身輕。身殺之力量懸殊。其輕重不可以道里計。幸有癸印生身。並化殺。又有丁火食神以制殺。制化之功。乃完備矣。宜其坐鎮晉省廿四年來。無或失足。可方於唐之李郭。宋之韓范。閻澤覃敷。洵爲民國軍人之冠冕也。再推考其一生經歷。犖犖大者。如辛亥年應響革命。壬子年任山西都督。丁巳年兼省長。午丁二運。春風和煦。水波不興。要非歲運屬水之化殺。或火之制殺。曷克臻此。巳運適以冲亥。瑕瑜互見。丙運以丙子丁丑兩年。盛極一時。舉國瞻仰。辰運妬合酉金。似乎難展驥才。乙運五年。蕉境優游。聲望宏遠。未可限量焉。

甲午
乙亥
庚申
己卯

九歲	丙子
十九	丁丑
二九	戊寅
三九	己卯
四九	庚辰
五九	辛巳
六九	壬午

嘗見富貴人。其命了無所長。僅以干神皆得旺氣。而致富致貴者。如宋財長子文是已。財旺身弱。幸日主坐祿。然亦不足爲奇。其干神皆得旺氣（庚祿在申。己祿在午。乙祿在卯。甲長生在亥。亦有稱爲交祿格者）斯乃可貴。果幹英明。總攬全國財政。良有以也。廿九歲以來。利祿功名。與日俱進。蓋日主較弱。戊寅己三運。偏重於幫身之故。寅運中之辛未年。亥卯未會成木局。歲與運財重太過。滬站遇刺。雖無傷害。然失恃興悲。終以財重印傷所致。未來之卯運。財愈重身愈輕。固宜韜光養晦。自求多福。以保其君子闇然而日章。庚辰運土金協助日元。時世英雄。東山再起。又有一番轟烈矣。辛運雖近耳順。功業仍未艾也。

（一說宋財長命爲甲午乙亥庚辰己卯。未知孰是。）

丁卯
丙午
庚午
己卯

五歲 乙巳
十五 甲辰
二十五 癸卯
三十五 壬寅
四十五 辛丑
五十五 庚子
六十五 己亥

此虞洽卿先生命也、識者咸云官殺混雜。財官過强爲疑。竊以庚生午月。干透丁己、爲純粹正官正印之格。殺之混官。是無傷害。木火雖盛、妙有己土之洩火生身。弱中有氣。全得力於時上正印、宜其溫良恭儉。建樹鎡基、昭然爲江左聞人。況太君賢德、鄉里咸稱、濟苦恤貧。樂而不倦、祖德旣裕。母教又足以踵武而紹陶歐。是更官印相生之故歟。惟火旺無水。似嫌亢炎。故名高利淡。積勞寡逸、早年多木火運、備嘗困阨。壬運以來。一路金水、百尺竿頭。蒸蒸日上。兼以所經營者。多金水商業。更宜如月之恆、如日之升矣、刻在己運。仍其舊貫。七十歲之亥運。蔗境餘甘。再後戊運康强逢吉。老當益壯。豐厚境遇。不讓於前。當以社會事業。光輝國史也。戊運化火。明哲保身。享受考終而已。

丁丑
癸卯
乙巳
丙子

十歲 壬寅
二十 辛丑
三十 庚子
四十 己亥
五十 戊戌
六十 丁酉
七十 丙申

有以顏大使惠慶之命詢余者。迺簡爲批曰。乙生卯月爲建祿。不見他木。但得時令之旺。未獲氣勢之盛。最貴水之灌溉。火之煊赫。妙在癸丙透干。巳子居支。生洩之功。無忝美備。自宜富貴雙全。屢膺鉅任。丙見巳祿。乙見卯祿。癸見子祿。日主用神喜神。交互得祿。尤爲貴徵。前行子運。爵位迭晉。蓄印得祿也。巳運息影。財壞印也。亥運再起。印會局也。戊運韜晦。印被合也。戌運癸酉年。授駐俄大使。癸印之功也。今年乙亥。明年丙子。折衝樽俎。壇坫增光。有厚望焉。丁丑年以下。歲運均屬庸常。宜清流賦詩。無官一身輕矣。

己亥　丁卯　乙未　己卯

八歲　丙寅
十八　乙丑
二八　甲子
三八　癸亥
四八　壬戌
五八　辛酉
六八　庚申

吳經熊先生。海上名律師也。積學多才。歷任學府法院領袖。公餘之暇。好研命理。時蒙以五行生尅相討論。覩其命造。乙生卯月。亥卯未會局。五行絕金。乃曲直仁壽之格。尤貴干透丁火己土。英華發越。秀氣畢呈。其命酷似遜清之李鴻章。畫錦前程。可操左券。子運以流年不濟。外圓內缺。未來癸運。滋木助格。氣象萬千。尤以丙子丁丑兩火年。騰達蜚黃。改善法制。保障民權。全國人士。引領瞻仰。晉行亥運。繼長增高。壬運亦康頤安穩。蔗境春濃。戌運屬財。惟中藏辛金爲病。秋山紅樹。退老珂鄉。徵諸過去未來。行運多吉。足與命局媲美。洵時代之傑出也。

癸酉	十歲　己未
庚申	二十　戊午
戊午	三十　丁巳
甲寅	四十　丙辰
	五十　乙卯
	六十　甲寅
	七十　癸丑

前見報載。本埠申新第七紡織廠。被滙豐銀行强行拍賣。由某商極廉價格承購。凡有血氣者。莫不憤懣塡胸。特爲檢視該廠主辦人榮宗敬先生命造。戊生庚申月。甲寅時。食神七殺均得祿。寅午會成火局以生身。子平真詮所謂殺旺食强而身健。爲極等之貴格。宜其致力實業。奮鬥不懈。爲我國紡織界之泰

斗。秋金更旺過於火。已往行運、泰半火鄉。自應竿頭日進、如順水行舟。長風破浪、萬里流行。得機得勢。現行甲運。似遜於前。明年丙子。後年丁丑。歲運木火相生。或能日升月恆。大振旂鼓。目前挫折。無足憂傷。不必以一時成敗。阻礙英雄銳氣耳。

戊辰
乙丑
癸卯
庚申

九歲	丙寅
十九	丁卯
二九	戊辰
三九	己巳
四九	庚午
五九	辛未
六九	壬申
七九	癸酉

章太炎先生。名滿天下。立德立功立言。謂三不朽。視其命造。確非凡品。蓋官印兩透。印食又皆得祿。日坐文昌貴人。宜其博通今古。尊爲國學之師。惟財星絕跡。所以貴而不富。已往運程。除己巳運混官羈印。繫獄六年。餘皆平順。未運

冲提綱。土重太過。幸已早息。家園洵君子知命也。去年甲戌。會齊辰戌丑未。安度無恙。尤屬大幸。應爲其額手稱慶。未來壬申十年。金水幫身。如文彥博之老當益壯。頤養安康。壽元雖不能媲美彭聃。然至酉運方危。已八十外人矣。

辛未　　二歲　己亥
庚子　　十二　戊戌
丙戌　　二二　丁酉
甲午　　三二　丙申
　　　　四二　乙未
　　　　五二　甲午
　　　　六二　癸巳

夏應堂先生。海上名醫也。夫醫能活人。裨益社會不淺。然求學術之精。誠匪易事。或亦秉命有所維繫歟。夏先生之命。金水居於年月。木火居於日時。各守門戶。五行無悖。且標本平均。寒熱燥溼停勻。得天獨厚。自宜術追扁鵲。功同良弼。由來者漸。非一朝一夕故也。攷其行運。惟早年稍遜。酉運以後。風順一帆。直至現行癸水正官運。仍是名通利達。已運則巳午未會成南方。似嫌火太偏重。除精神矍鑠之外。餘無所勝。早退珂鄉。頤養天年。是為上策。或從事著述。將畢生經驗學識。公諸同好。一貫真傳。亦足以壽萬世云。

戊子 傷
癸亥 食
庚寅 財
戊寅 才

九歲 甲子
十九 乙丑
二九 丙寅
三九 丁卯
四九 戊辰
五九 己巳

右為冼冠生大實業家命造。冼先生赤手創辦冠生園。範圍由狹而廣。所製糖果餅乾。現已媲美外貨。挽回漏卮不可勝計。其精神既屬可敬。其宗旨更屬可欽。因由薛君介紹。來詢休咎於余。余簡為批曰。庚金生於初冬水令。地支水木林立。財重身輕。得力於時上戊土之偏印。制水幫身。功莫大焉。自必穀力勝人。思想銳敏。已往之運。泰半屬火。生土而暖金。故如枯苗得雨。勃然興之。又如疾風勁草。再接再厲。四十九歲交進戊運。幫助用神。後來居上。更可翱翔雲天。卓立偉業。辰運亦有喜無憂。己運稍遜。夕陽雖好。紅不多時矣。

戊子	六歲	辛酉
庚申	十六	壬戌
乙丑	二六	癸亥
壬午	三六	甲子
	四六	乙丑
	五六	丙寅

右爲杜月笙先生命造。有以乙庚化金論者。竊以時上見午火。格局僅成其半。且遠不符其聲價。乙生申月。干透戊庚壬。財官印旣同藏於申宮又並露於干頭。斯乃貴徵。俠義豪爽。固是不凡。前運日新月盛。五十一之丑運。更進一步。造福社會。奚啻萬家生佛。亦厚於財。故能利人而又利己也。再後丙運雖尅庚

金。幸有壬水制之。不足爲慮。寅運以沖申爲病。豈可許子不憚煩勞。趨吉避凶。建策終莫妙於退隱。今年歲運皆乙。妬合庚金。能者多勞。其奈無功何。

甲午	六歲	乙亥
甲戌	十六	丙子
丁酉	二六	丁丑
癸卯	三六	戊寅
	四六	己卯
	五六	庚辰

此梅蘭芳先生命也。全局木火太旺。喜日坐酉金。時得癸水。財殺清粹。兼帶貴人文昌。自宜藝術獨精。譽滿天下。革中國之劇才。作梨園之砥柱。伶界大王。當之無愧。惜行運未能媲美命局。所以僅享盛名。而無權爵。然晚來庚運資殺。空前絕後。恐不以伶官終其身。變化飛騰。未可限量焉。今歲乙亥。印得長生。殺得旺地。現赴蘇俄演劇。必有一番轟烈。宣揚中國文化。灌輸東方藝術。所當厚

望於君耳。

己酉
庚午
庚子
丙子

六歲	己巳
十六	戊辰
二六	丁卯
三六	丙寅
四六	乙丑
五六	甲子
六六	癸亥

或有以猶太富商哈同生庚。譯爲陰歷。演成命局。浼余推測。雖未必可恃。然謦其八字。殺旺用印。固非凡庸之輩。但空拳致富。竟爲滬上地產大王。實行運有以致之。蓋自三十歲後。歷行數十年水木財鄉。所當豪門珠履。貫朽粟陳。爲地主領袖。稱海內鉅富。至於七殺少制。傷官無力。是以伯道無兒。子夏喪明。絕其後嗣。是亦畫龍雖好。點睛未成。牡丹吐豔。綠葉少助耳。

按富貴人未必皆富貴命。或行運輔之以成也。反之貧賤人亦然。洵哉。孔

孟所謂命也運也。運之視命。似屬更不可強矣

庚寅	三歲	乙酉
甲申	十三	丙戌
甲申	二三	丁亥
甲戌	三三	戊子
	四三	己丑
	五三	庚寅

辛未之秋。袁子寒雲逝世。士林惋惜。鄭正秋君以其年庚詢余。余曾答諸新聞報新園林。言曰。初秋三甲。雖不得令。却得其勢。庚金七殺。既旺且盛。堪謂身殺兩強。惟乏火之制殺。印之化殺。大為缺點。是以豪放不羈。崛強寡合。雖燕許文章。機雲才藻。未獲顯貴。抑鬱以終。行運僅丙戌丁亥之二十年。較為優良。名山事業。以此最宜。再後即夢幻泡影矣。辛未流年。官之混殺。又甲木入墓。縱不至修文道山。亦有勃然他變。孟子曰。莫非命也。誠哉是言。先獲我心矣。

戊子　七歲 壬戌
辛酉　十七 癸亥
乙未　二七 甲子
己卯　三七 乙丑
　　　四七 丙寅
　　　五七 丁卯

河南省政府知命子先生。示余商震總指揮之命造。余簡爲批曰。乙生辛酉月。殺重身輕。財星之兩透。尤足爲病。所貴者卯未會木局。幫身而制財。日主弱中有氣。行運最喜比刼。遇印則印被財壞。不能化殺。未必盡美。逢食則有財黨殺。制殺不專。反以洩氣爲慮。徵諸已往。子運僅屬發軔。究不及乙運之喧赫。更信此等命局。獨喜乎比刦矣。丑運乃酉丑會成金局。故幾瀕於危。去年交來丙運。合殺最美。權爵更顯。當不止爲一方領袖。以後寅運繼長增高。丁運雖善。以視丙寅。直如小巫耳（一說丙子時。想係傳聞之誤。）

壬子	三歲	癸卯
壬寅	十三	甲辰
乙亥	廿三	乙巳
丙子	卅三	丙午
	四三	丁未
	五三	戊申

錢翁以其少君敬鏞先生之吉庚詢余。先生爲海上籃球健將。在運動界中。頗負時譽。視其命造。新春乙木。甫得旺氣。然見五水。不免飄浮。應賴寅中戊土制水爲用神。時上丙火生土爲相神。偏枯之局。一若無可貴者。然核其運途。早歲多比肩刼財之運。是以矯强果敢。體力加人一等。二十八歲後。一路火土。足補命中缺憾。正合乎五言獨步所云。有病方爲貴。無傷不是奇。格中如去病。財祿喜相隨矣。顯達前程。豈可限量。雖非富貴命。行得富貴運。當亦富貴中人也。姑誌如上。以待後驗。

甲辰　丙子　壬寅　辛亥

二歲丁丑　十二戊寅　廿二己卯　卅二庚辰　四二辛巳　五二壬午　六二癸未

右爲摯友王君命造。十七歲來滬。就學金業。十九歲憤師友之苛束。自營標金。廿二廿四兩年。盈財五十餘萬。茲已息影家園。稱素封矣。視其八字。洵不偶然。蓋壬水生於仲冬。羊刃當權。年月木火失令。似屬凡庸。所妙日支爲寅。時支爲亥。乃木火之生地。且寅亥合。則木火之氣愈貫。子辰會。則食神反得生扶。滴天髓所謂。何以其人富。財氣通門戶是也。已往寅運。包藏一甲一丙。發軔雲程。立志卓犖。固非常人所能望其項背。已運爲正官。中逢廿三丙寅。廿四丁卯。兩大火年。以濟其美。自宜點金有術。一躍致富。卯運以來。流年平滯。不過保持仍舊而已。此後庚辰辛等運。每況愈下。還防波折。萬不可再圖徼倖。已運則敷演家聲。發揚蹈厲。有更上層樓之可能。謂余不信。請觀其後。

辛亥	九歲	庚寅
辛卯	十九	己丑
庚子	廿九	戊子
庚辰	卅九	丁亥
	四九	丙戌
	五九	乙酉

右爲千里自造。識者咸謂憾於無火。然春金固非當令。乏土之生。則且無根。縱天干庚辛林立。子平真詮云。得三比肩。不如得一長生祿刃。可見徒多比刦。而日元無氣。非是真强。矧又亥卯會成木局。子辰會成水局。水與木皆有挫於金。平火能榮金。有火固可顯達。無火則一寒儒而已。然寒弱之金。逢微火當可得志。逢巨火則不勝其尅。或且因貴顯而惹禍殃。此孔子所謂過猶不及者是

也。若云水木兩局。財星甚旺。亦滴天髓所謂何以其人富。財氣通門戶者歟。無如身不任財。難免富屋貧人之譏。正合我今日之筆耕終夕。硯田枯澀者也。然則富貴皆無大望。我將永自韜養矣。嘗以身弱之命。與身强之命相較。同走好運。同處美境。而其速率與份量大相懸殊。身强者每遠過於身弱者。此余屢試不爽。故益信拙造之身弱。恐終其身不過爾爾也。查行運。方今行至丑字。尚屬順利。將來戊字或更進一步。子運恐阨於病。但蓋頭屬戊。當無生命之危。丁運少濟。亥運伏櫪。丙運以下。老更無爲矣。

壬子
戊申
戊辰
辛酉

二歲 己酉
十二 庚戌
廿二 辛亥
三二 壬子
四二 癸丑
五二 甲寅

此吾邑錢翁之命也。出身豪富。重義輕財。晚年耗斁。卒彈鋏於猶子門下。殊爲戚郇鄙夷。茲者壽踰杖朝。悽涼孤苦。士論惜之。夫戊土生於孟秋。支全水局。時落辛酉。金水並旺而秀氣流行。格局本非庸俗。奈日主太輕。身不任財。旣有月上戊土比肩。從財則又不真。益以運皆西北金水。宜其豐裕春申。雖有三千珠履之名。卒流金空季子之類。亦足悲矣。刻走丁運。正印助身。本應否極泰來。然行諸太晚。不免美人遲暮之慨。以後已運更佳。或不致落寞以終。

戊戌
戊午
癸亥
戊午

九歲 丁巳
十九 丙辰
二九 乙卯
三九 甲寅
四九 癸丑
五九 壬子

此乃某妓命造。幼孤爲娼。廿五歲後。侍某顯宦篋室。詎以不知自愛。戀一伶入。終被顯宦所黜。茲則伶亦絕裾斷交。螟二養女。仍操故業。夫癸生午月。財官並旺。惟天干三透戊土。爭合癸水。日主用情。毫無定見。自是水性楊花。張三李四。坐下刼刃。足以幫身。苦無印綬。終如飛絮浮萍。飄流無定。查早年多火運。何善可陳。辰運沖開水庫。宛若雲開見日。惜乙卯運洩身生財。祇如曇花一現。不免重作馮婦。以後甲寅運木土爭戰。不堪言狀。寅運之會成火局。且恐不祿矣。

庚申	二歲	己丑
戊子	十二	庚寅
壬子	廿二	辛卯
辛亥	三二	壬辰
	四二	癸巳
	五二	甲午
	六二	乙未

此王某之命也。自幼迄今。胼手胝足。傭役於余友秦贊臣家。未嘗娶妻。子然一身。幸侍主忠誠。故爲秦氏三代蒼頭健奴。余因好奇。曾覩其命造。乃壬水生

於仲冬。三逢祿旺。所謂崐崙之水。可順而不可逆。月上戊土。煢煢孑立。旣不足以制水、反又激水之怒。庚辛兩金。洩土生水。尤足爲病。是眞身旺無依老健徙苦而已。四十七歲前。一派金水運。不轉溝壑。而得溫飽。已爲微天之幸。己運以還。運轉東南木火。應見起色。據云。三十年來。已積蓄二千餘金。且勤勞如故。其志可嘉。明年換入申運。申中之助水、更形泛濫。保身以沒。意中事也。

丁亥	九歲	壬子
癸丑	十九	辛亥
庚子	廿九	庚戌
丁亥	三九	己酉
	四九	戊申
	五九	丁未

嘉善沈恒甫君。雅好命理。時相過從。嘗示我一丐者之命（排列如上。）夫寒金喜火、所嫌支全亥子丑。北方水旺。又月干癸尅丁火。五行無木。未得生化

之情。一片寒涼之局，宜其蓬飄萍泛，淪落天涯，歌板臨風，飯籃迎月。鵠形菜色，仰面求人矣。且運皆金水。縱不爲東郭乞食，亦必爲溝壑餓莩。設此等命局。運行東南木火，未始非季子買臣，由困入亨之一流。富貴貧賤，固繫乎命。然運之榮枯盛衰，關鍵尤爲重要。管子曰。壽之修短有數。命之顯晦有定。要皆運會豐塞維繫之。誠哉是言。我儕爲人評命。對於運途之推敲。不可或忽也。

戊戌	九歲	辛酉
庚申	十九	壬戌
己酉	廿九	癸亥
壬申	三九	甲子
	四九	乙丑
	五九	丙寅

右爲一僧侶之命，孫福棠爲余言。是僧三歲父母雙亡。七歲爲舅氏鬻入某寺。落髮皈依。按己酉日元，生於申月，支全西方，干透庚壬，金勢猛烈，洩氣太過，

局中無火。祇可用刦然戊土虛脫。用神無力。終以身弱傷重。無印爲病。固生成寒微之命也。喜忌篇云。日干旺甚無依。若不爲僧卽道。今乃知身弱無依。亦黃冠客。空桑子之一流耳。九歲以來。皆行金水運。清淨無爲。子然一身。鮮淑堪言。然以後甲子乙丑。水木之鄉。亦不過謝絕紅塵。砥礪清修。誦經禮佛。度其老衲生涯而已。甲運若不圓寂。可至寅運以臻樂土。

戊辰	三歲	己未
戊午	十三	庚申
辛丑	二三	辛酉
戊戌	三三	壬戌
	四三	癸亥
	五三	甲子

此造產生甫經匝月。卽遭夭折。初視之。殺印相生。不似殤孩。然重重厚土埋。藏脆嫩之金。五行無木。未得疏揚之利。一重午火。缺木之生。多土之晦。更無能

爲力。滴天髓所謂氣濁神枯者是也。渠父於產後卽囑余推算。並欲選一湯餅之期。余謂之曰。近則己未月。遠則己巳年。土勢猛烈。蘭摧玉折。堪爲憂慮。後果於六月病亡。誠哉。命有定數。不可強也。客歲又見一命。與此造類同。惟爲甲午時。土有木疏。宜其聰穎堅強。然未來庚運之冲甲。殊屬不利。姑視其後。竊恐亦非壽徵耳。

庚申	十歲	乙酉
甲申	二十	丙戌
癸卯	三十	丁亥
庚申	四十	戊子
	五十	己丑
	六十	庚寅

前論印重身輕之命。生甫匝月。卽遭夭殤。余曾於友人家得覩一造。亦爲印重身輕。但僅不良於行。體格尚健。茲已魁梧奇偉。有成人氣象矣。夫癸水生於

孟秋。重金五見。寶鑑所謂金多水濁。亦滿盤濁氣耳。甲卯兩木。既失時失勢。豈能週旋於刀鎗劍戟之中。命局偏枯如是。益以兩歲辛酉年。冲去卯木長生。陰金陽金會合。其遭殘疾宜矣。設非跛足。殃禍之變。或有更甚者。刻走酉運以戊寅年最凶。丙運以下。雲開見日。錦繡前程。未可限量。

甲寅	十一 戊辰
丁卯	二一 己巳
戊寅	三一 庚午
甲寅	四一 辛未
	五一 壬申
	六一 癸酉
	七一 甲戌

汪君以此命垂詢。謂係亡友孫君之造。何以生前走火運大利。金運大敗。申金運且作屈原汨羅以自盡。余曰。殺重身輕。設無丁印。何以自存。殺之太過。逢傷食制之不足。反激其怒。何如印綬生化之為美。此所以金運遠不及火運也。

中運沖寅。一金爲三木所敗。命遭不祿。亦所當然。夫殺重之命。正如盜匪侵主。逢印。如遇仲連排難。足以斡旋兩方。各不傷和。若逢傷官食神。而無力量。乃如忽至老弱殘警。欲逮捕之勢。必警匪相戰。終於警爲匪殺。反激匪怒。爲事主者。則如棟折榱崩。其危不言可喻矣。故凡命中忌神太過。祇宜洩化。不宜强制。制之有力則益。制之不足則損。此亦余經驗談也。

壬午	八歲	庚戌
己酉	十八	辛亥
庚申	廿八	壬子
丙子	卅八	癸丑
	四八	甲寅
	五八	乙卯

此潮州人鄭君命造也。曩時請人批命。咸謂酉月庚申日。喜火煅煉。應用丙殺。有勸其涉跡政界者。前歲囑余推評。余曰。庚金得祿旺於秋令。年干透壬。支

會申子。水盛而居相位。丙火豈能敵相水而制旺金。五行缺木。丙更無力。殺弗能用。不如用壬水食神以順金勢。並洩秀氣。士而爲商。庶乎近之。金水澄清。貨殖餘暇。致力名山事業。亦足以著述自豪。豈不快意。鄭君頷首應之曰。幼攻舉子業。但終功名不售。年三十後。改營商務。則得心應手。尤以甲運盈財最鉅。并謂素工詞曲。願將畢生著作。付梓問世。洵哉。評命擇業。關鍵全繫乎用神之斟酌。設鄭君羨慕虛榮而信用殺之一言。終身捲入宦海。恐一官半秩且未得意。詎不惜乎。預卜寅乙兩運。食神見財。營商獲利。更有厚望焉。

癸酉	八歲	己未
庚申	十八	戊午
壬子	二八	丁巳
辛亥	三八	丙辰
	四八	乙卯
	五八	甲寅
	六八	癸丑

右命爲兩行成象。蓋庚辛申酉西方金。壬癸亥子北方水。金水各居其半。兩行相停。無火土混淆。益以壬祿在亥。庚祿在申。癸祿在子。辛祿在酉。又稱交祿。洵貴格也。王元鼎囑余推評。余曰。當必仕宦中人。決非凡俗一流。其清純無疵。亦且權高位崇。廉潔有政聲。漢代循吏。不是過也。余因詢之王君。此命爲何許人。王君笑而應之曰。先生言之誠是。惟其姓名。恕守祕密。想必袞袞諸公。政界翹楚之一耳。據聞四十歲前。粟碌鮮祥。辰運後。方見風雲際會。蓋早年一派火土運。火之尅金。土之尅水。大悖於格。自屬坎坷。迨辰運之會成水局。乙卯甲三運。木之洩秀。宜其平地聲雷。登龍門而名高望重。展驥足以氣吐眉揚。寅運冲申。雖有亥合。終屬不利。幸勿戀棧。早退林泉爲最妙。

辛丑　七歲　丙申
乙未　十七　丁酉
己亥　二七　戊戌
壬申　三七　己亥
　　　四七　庚子
　　　五七　辛丑

此蘭英女史之命也。女史以善畫名於時。己生未月。身主不弱。地支丑未相沖。天干辛乙交戰。七殺爲食神追制。不如亥中甲木正官。寄生於母宮之爲美。應以官爲夫星。時透壬財。則財以生官。而官不畏傷食尅制。宜其英姿颯爽。藝術絕倫。益且夫子兩美。誠得天獨厚者也。戊戌十年刼財運。始而夫病幾危。繼則自身遇盜。亦云險矣。此後己運平滯。亥運以下。一路金水。蔗境餘甘。頤養安逸。神峯通攷載有一命。爲辛丑乙未戊戌庚申。乃重土重金。而祇有一木正官受損太過。運至酉金。金再尅木。卒至自縊而亡。按此兩命。一以有財而官不受害。所以福慧雙修。一以無財。而成偏枯之局。終自經於溝瀆。不綦慘乎。總之。女命首重夫子兩星。然求夫子兩宮之並美。更非財星不爲功也。

乙未　三歲　癸未
甲申　十三　壬午
癸巳　廿三　辛巳
丙辰　卅三　庚辰
　　　四三　己卯
　　　五三　戊寅

漳州中央銀行總理陸維屛君。精研命理。嘗示余二造。八字相同。惟年支日支易位而已。一即陸君本人之命。（排列如上）一乃其友廈門交通銀行某君之造。爲乙巳甲申癸未丙辰。余曰。癸水生申月。母强子健。辰爲水之餘氣。巳申又化水。身不爲弱。甲乙丙並透。則木火金水相停。惟君造坐巳。巳內有庚金。日主較强。貴友坐未。未爲燥土。並中藏木火。日主較弱。所以有異者。君喜逢木火。貴友喜遇金水。撥諸行運。都金水蓋頭。以論環境。或君不如貴友耳。陸君唯唯而退。

丙戌　丙申　乙巳　庚辰

三歲　乙未
十三　甲午
廿三　癸巳
卅三　壬辰
四三　辛卯
五三　庚寅

此迺女命。乙生申月。時座庚金。夫星得祿。惜乎兩丙一巳。尅庚太甚。且五行少水。無印幫身。亦屬偏枯之局。更以早年多東南運。故綠窗貧苦。落於寒微之門。初嬪木商。行居巳運。忽失所天。凄涼特甚。三十五歲再醮某醫。醫本無藉藉名。得婦後。生涯激增。門庭若市。十餘年來。盈財鉅萬。家境日隆。查此婦之行壬辰辛三運。水金幫夫。或亦與有功歟。婦聞術家言。卯寅運皆多不利。因就詢於余。余曰。卯運幫身。且蓋頭爲辛金。不足爲慮。庚運助官。晚境最優。寅運沖申。官根動搖。非自身殲滅。卽夫遭不祿。尤以六十一歲丙戌年。危如纍卵矣。

甲辰	二歲	戊寅
丁丑	十二	己卯
辛未	廿二	庚辰
戊戌	卅二	辛巳
	四二	壬午
	五二	癸未

此爲杜白先生之命。杜先生供職郵局。客歲從余學命。一年來頗見猛進。近蒙討論其本命之喜忌。余曰。辛生冬尾春前。四支皆土。時座透戊。則更不免土重金埋。年頭甲木。足可制土。何奈丁火毗鄰。洩木生土。病根深矣。自喜水之尅丁。木之疏土。而獨忌火土之助虐。逢金雖傷甲木。但能幫身。稍解母旺子虛之苦。不作劣論。一生以庚辛運足可溫飽。壬運合丁。如鴻毛遇風。飄然而舉。枯苗

得雨。勃然而興。巳午運生土堪憂。幸蓋頭爲辛壬。天不困人。瑕瑜互見而已。三命通會載有一舉人命。爲甲寅丁丑辛未戊戌。與君造僅差一字。緣甲坐寅位。財較得力。制土功深。所以有刺謬之別矣。然亦以丁火爲病。故功名止於孝廉。不能再進官階也。

壬寅	七歲	戊申
丁未	十七	己酉
乙巳	廿七	庚戌
戊寅	卅七	辛亥
	四七	壬子
	五七	癸丑

人之疾病。亦可由命中推測。然有驗有不驗。蓋命賅究患何疾。祇能言其端緒。不能指其纖微。大抵以寒煖燥濕推之。百不失一焉。如文學家兼書法家倪古蓮先生。久耳余名。囑評其造。余曰乙木生於夏令。精華發洩。外有餘而內實

虛脫。地支無不藏火。壬水爲丁所合。時上之戊。又爲陽土。燥之極矣。熯之極矣。一無金水以濟之。肺病血疾。在所不免。純陽燥熱之體。尤敢定斷焉。戌運爲火庫。更屬可危。然甲戌年又多一庫。誠如雪上加霜。既已倖越。或無生命之憂矣。三十七後。運轉西北。一路康莊。非惟功名利祿。與日俱進。體格亦矯健勝昔。勉哉。倪君讚不絕口。旋蒙其備加你頌。並將感佩之意。刊諸社會晚報。

癸酉	二歲	庚申
辛酉	十二	己未
乙丑	廿二	戊午
辛巳	卅二	丁巳
	四二	丙辰
	五二	乙卯
	六二	甲寅

右爲許世英先生之命。乙木凋零。支金巳酉丑。四柱純金。識者咸以從殺格推之。不知年頭癸水進氣。洩金生木。乙有根原。不能從殺。應作身弱用印以化

其殺。否則中年午丁巳丙四部火運。制殺最力。爲從格所大忌。烏得穩度谷關。且屢膺重任耶。卯運重冲。應有不利。此後甲寅運刦財幫身。老當益壯。東山再起。足可掌握大權。若仍致力於慈善事業。更能廣種心田。癸運亦不爲惡。壽至丑運。方臻危境。若作從殺。忌逢幫身。則甲寅癸三運。又多齟齬矣。秋浦夏直欽君。囑余推評夏君以仕宦而兼精子平。亦謂此老命局。按理以論。及過去事實推之。從殺格似較勉强。

乙丑
己卯
乙亥
癸未

一歲	戊寅
十一	丁丑
廿一	丙子
卅一	乙亥
四一	甲戌
五一	癸酉
六一	壬申

此老出處宦途。飽經榮祿。年三十後。家道中落。幸擅長書法。磨穿鐵硯。利賴

筆耕。幼時延人批命。僉謂仁壽曲直之格。謬以有爲期許。曩緣友人介紹。造訪余廬。詢問究竟。余曰。乙生卯月。支全木局年支丑中藏辛。曲直已破。祇堪作身旺財輕之命以爲斷。廿六歲前運行中南火土。所以少年得志。迨夫三十一歲運轉東北。難免坎坷悽惻。然壬運至凶。無傷大祿。亦云幸矣。再後辛運苟延。未運化木。危如風燭。按段祺瑞命。爲乙丑己卯乙亥壬午。其乙祿在卯。己祿在午。壬祿在亥。交互得祿。旺氣所繫。且木旺水健。午火洩秀。格局清奇。故在萬民之上。八字之相差一時。其胥壞徑庭。有如此者。吁。可畏哉。

壬子
壬子
庚辰
丁丑

九歲　辛亥
十九　庚戌
廿九　己酉
卅九　戊申
四九　丁未
五九　丙午

此名妓花月影之命。庚生嚴冬。兩見壬子。辰丑又皆溼土、區區丁火、瑜不掩瑕、危險直如風燭。夫星與身主。兩有所缺。以致早落平康。年方及笄。即出應徵、送往迎來。極盡歡笑。然二十四歲達入戍運、戍乃火庫。亦爲燥土。更以流年如丙子丁丑戊寅己卯。中南順行。當有貴客垂青。納爲擁抱。從此附驥益顯。獲掌家政。苟得忠心侍主。舉案勤勞。以後美運接軫。或堪身列命婦。福祿綿延。晚歲純行南方火運。蔗境更榮。詩云。永言配命。自求多福。固非吳下歌女娼也。細按命之水清如鏡。理宜丰姿卓犖。陽春白雪。婉囀歌喉。不失爲秦樓楚館中豔美之名焉。或謂女命水多。性同鴿雀。吁。是則語涉猥褻。豈文人名教中所能道耶。

丙午
庚寅
壬午
丙午

九歲	辛卯
十九	壬辰
廿九	癸巳
卅九	甲午
四九	乙未
五九	丙申
六九	丁酉

有以宣統之命垂詢者。余曰、滿盤是財。偏枯之局。本無足貴、其爲失國之君、良以身不任財。棄命而從之故耳。惟一午暗邀合宮之未、未藏己土正官。即命理約言所謂暗合格。是乃貴徵。故出身天潢、貴胄後裔。得繼大統。惜行運不濟。如壬辰運之犯火、乃從格所大忌。失其自由、任人支配。三十歲交癸運。仍難樂觀。三十五以後。已甲午乙、一路東南木火、始堪吐氣揚眉、激昂青雲。望同嶽峙。爲人尊崇矣。五十五未運爲暗合塡實。壽終於此、余於庚午秋、得見一命。爲丙午甲午壬午丙午。生於夏令。又爲四午。合官最力。格局遠在宣統之上。想其前

程必有可觀，乃一福州人，惜已忘其姓氏。茲論宣統命造。忽憶及此君。不勝神往焉。

丁亥	九歲	壬子	
癸丑	十九	辛亥	
己亥	廿九	庚戌	
戊辰	卅九	己酉	
	四九	戊申	
	五九	丁未	
	六九	丙午	

傳聞近代偉人。以顧維鈞爲最富。視其命造。洵不偶然。蓋己生丑月。干透癸水。支見兩亥。辰又爲蓄水之庫。財旺極矣。全得力於時上戊土之鎮水幫身。用神應卽歸諸戊土刼財。良以無戊則安可任財。不任財則安得豪富。或取丑中辛金食神爲用。恐身主更弱矣。兩亥夾丑。拱子水貴人。宜其疊膺鉅任。折衝壇坫。爲國爭光。四支皆藏財，又有拱財。一生自多豔福。財重用刼。內助雖得力。仍

不免鼓盆興歎。且尅妻獨在於戌運。是更命之可信矣。查前運多金水。花枝招展。境遇榮繁。然竊以戊運之用神得助。掌握重權。或有更進者。申運順流而下。總之。此命逢金水火土之運。皆不爲惡。惟憎木之損傷用神。幸生平無木運。故三元不敗。堪稱得天獨厚者矣。

乙巳	七歲　庚辰
己卯	十七　辛巳
乙卯	二七　壬午
丙子	三七　癸未
	四七　甲申
	五七　乙酉

壬申九月。友人某。囑評此命。謂係廣東妓女。由粵追踵來滬。堅欲以身相許。惟我年逾半百。且已兒孫繞膝。恐納妓後。家庭反而多故。躊躇莫決。謹詢於君。乞剖其詳。余曰。乙木得祿於卯月。比肩林立。財星已毀。用時上丙火。賴之洩秀

生財。命非下乘，豐姿卓犖，固異凡卉。官之無力，卽夫星不顯。然居適室，亦無所礙。惟刻行壬運，又逢壬年。用神損傷。十一月且爲壬子。一片汪洋。內火殲滅。恐妨其壽。故納寵問題，可容緩議。茲惟慮與委蛇。是乃上策。友唯唯而去。後相值途次。問友以此事究竟。友嘆曰。誠如君言。是妓已於壬申嘉冬，服毒旅邸，而歸物化矣。徵君果斷，又增我幾許煩惱。誠哉命之不欺人也。

乙亥	十一 庚辰
己卯	廿一 辛巳
壬午	卅一 壬午
癸卯	四一 癸未
	五一 甲申
	六一 乙酉

有具名雁峯飄流客者。寓書與余。告余本埠南市某姓家，有一青衣婢，同日產生三孩。初落地者爲女嬰（其命排列如上）次乃男孩，八字爲乙亥己卯

壬午丙午。再次者亦屬乾麟、四柱爲乙亥己卯壬午丁未。並囑余推評優劣。余特簡覆曰、女命傷官太重、官星無力、又乏印綬以制傷保身。一無可取。本年乙亥。傷官更厲。恐卽夭殤。蓋夢幻泡影而已。次生男造。傷官得祿於卯月。正官得祿於午時。更喜時上丙財。洩木生火。週旋於傷官正官之間。應作從財格論。走火土運不爲忌。僅子運冲午、稍形不利。再次之男命。乃交互得祿、且爲純粹化木之格。八字無金。行運又無金。大貴之徵。將來積學深造。出冠多士。正如馬蹄春風。長途萬里之才也。三命較量。次出之命。較首出爲優。後出之命更較次出爲優。儻所謂後來居上者。非耶。

乙酉
甲申
丙辰
甲午

八歲 癸未
十八 壬午
廿八 辛巳
卅八 庚辰
四八 己卯
五八 戊寅

右爲金融界巨擘。錢新之先生命造。丙火退氣於初秋。本不能任申酉之旺財。所妙時落於午。根得帝旺。遠勝干頭衰木之生扶。於焉轉弱爲强。足可任財矣。益以運多金水。固宜財源四達。利益萬通。事業有陶朱盛名也。按揚宇霆命爲乙酉甲申丙辰戊戌。重土重金。且戊土司令。未免晦火太甚。僅賴甲乙印綬之制土幫身。巳運乃得祿。所以聲勢最盛。轟烈可畏。庚運無險。而斃於辰運戊辰年。則以庚運盡屬木火流年。故仍炙手可熱。辰運爲溼土。戊辰年土又如崩。晦火無光。不得善終。意中事耳。觀夫錢楊二命。僅差一時。楊氏之夢幻泡影。萬不及錢翁之福祿綿長。毫釐不爽。有如此者。談命固非易事。思念及此。不寒而慄矣。

己酉
庚午
庚子
己卯

十歲　辛未
二十　壬申
三十　癸酉
四十　甲戌
五十　乙亥
六十　丙子

張翁家有一女傭。年踰風信。貌奇醜。面且痳。迄今未嫁。恐畢生難膺人選。故乞推究其命。余曰。庚生午月。干透己土。爲正印格。午內丁火司令。則正官乘權。官印並美。爲坤福之兆。命婦格局。固已成立。或以子午卯酉。四敗四冲非之。然子水傷官。失其時令。與午相冲。滴天髓所謂冲衰則拔。冲旺則發。午火正官。非惟不畏其冲。且因冲而益見嬌强。子則冲拔。是庸何傷。至於卯酉地位遠隔。更無冲意。奚足爲病。四敗之說。亦不可盡拘。惟現行申金。運爲祿堂。所以吉星未照。錐未脫穎。龍未點睛。一旦時運轉圜。行至癸水。旣濟功成。卽入昌明之路矣。

甲運以後。尤見發揚孟光之案與眉齊。相夫立極。彼梁鴻乘機而起。未始非得力於內助也。

庚戌	十歲	庚辰
辛巳	二十	己卯
己亥	三十	戊寅
乙亥	四十	丁丑
	五十	丙子
	六十	乙亥

阮玲玉一死。轟動全國。吾友鄭君特囑推究其命。余曰。己生巳月。因有兩亥。印綬沖散。時透乙木。因有庚辛。制殺太過。身主與七殺。一無可恃。故意志不堅。正途岐趨。莫之辨別。片念阨塞。死於非命。雖從兩夫。終無所歸。至於傷食並露。秀氣發越。固宜英敏豔麗。精藝絕倫。不爲銀壇領袖。當亦作歌裙舞扇之翹楚也。今年兩乙三亥。天干金木之戰。地支水火之沖。乃滿盤啓釁。禍起蕭牆。失足

成恨。一代藝人。竟埋黃土。寗不悲哉。

己亥　三歲　甲戌
乙亥　二三　癸酉
丙戌　三三　壬申
壬辰　四三　辛未
　　　五三　庚午
　　　六三　己巳

此鎭江人金君之命。金君自言。研究子平之學。已十有餘年。對於本人八字之用神。終難取定。因聞余名。特就詢焉。余曰。丙生初冬。支見兩亥。辰戌又冲。壬再透干。病於水多火弱。識者非用己土以制水。卽用乙木以生火。殊不知己爲卑溼之土。祇可納水。焉能鎭水。況又毗鄰乙木之虎視眈眈。更難以立足矣。乙木雖能生火。惟因水重太過。本身力量太輕。不無乘桴浮海之歎。此所以亦難爲泰山之靠者。則亥中甲木。旣得長生而進氣。可洩水生木。中流砥柱。功自非淺。所謂用神。捨此莫屬矣。早年祇甲運優裕。曇花一現。餘皆碌碌無奇。三十八歲之未運。四十八歲之午運。皆屬火土。不難破壁而飛。脫穎而出。至於水流太過。終患無定。則風塵僕僕。南楚北燕。天涯飄走。迄無遐逸境遇。乃命局早已生成。無可挽救耳。

乙巳	九歲	丁亥
戊子	十九	丙戌
乙巳	念九	乙酉
戊寅	三九	甲申
	四九	癸未
	五九	壬午

論偏枯之命局易。推中和之命局難。此爲略識命理之人。所共知者也。今以鎭江人孫君之命爲例。乙誕子月。水旺木健。時下得寅木帝旺。年上見乙木比肩。則應以身强論。然兩戊尅水。兩巳洩木。抑挫之力。尤厲於所幫所助者。强之

程度。僅堪任財弱之地步。亦非至險。祇可稱其不强不弱。故既難論其喜忌。更難推歲運之休咎。然有一法焉。行幫身運。貴逢財官之年。行財官運。則喜幫身之年。若歲運皆屬生扶或抑挫。卽趨於偏枯。而非中和八字所宜矣。是以孫君命造。丙運以甲乙流年。勝於丙丁。戊運則庚辛年不如壬癸。乙運愛洩化酉運又喜幫扶。餘運可以類推。總之。此種命局。不在少數。合歲運而互相平衡。方爲貴也。

壬午	八歲 丁未
丙午	十八 戊申
丙戌	念八 己酉
庚寅	三八 庚戌
	四八 辛亥
	五八 壬子

某翁告我一悍匪之命。此匪徒衆逾千。犯案山積。然得逍遙法外。余覘其丙

日而支全寅午戌。已秉一方之旺氣。兩見陽刃干得財殺。宜其凶悍無比。雖不流芳百世。亦能遺臭萬年。然倘能公行直道。擇善而從。未始非果敢傑出之才。爲國効用。亦足膺干城之選。豈不懿哉。若仍爲非作歹。橫行不法。恐天網恢張。難逃子運。蓋沖刃出鞘。斧鉞當頭。意中事耳。

戊辰	八歲	庚申
己未	十八	辛酉
己未	念八	壬戌
辛未	三八	癸亥
	四八	甲子
	五八	乙丑

福建人林文波先生。在閩知余已久。比者以事來申。造訪余廬。囑評其本人之命外。又垂詢其猶子命造。余曰。八字土得其七。況值火土並旺之候。強盛旺。蓋達極點。若非時上辛金。秀氣焉得發越。然終有土重金埋。火多金熔之患。而

病偏枯太甚。幸也。行運一路金水木、終身不逢火土。則豐裕顯達。發揚蹈厲。正如苗吐含葩。不旋踵而芬芳麗藻。矯强特立於社會中。固非凡庸一流。設無行運以濟之。直一殘廢飲恨之人耳。余閱命多矣。近世孩童之造。輒以偏枯為病。而行運每能相濟。且都綿亙數十年之久。故恒以一帆風順。有為相期許。子思作中庸。有曰國家將興。必有禎祥。此亦禎祥之兆。誠如斯言。儻天不欲久困中國。非耶。

甲子	五歲	丁丑
丙子	十五	戊寅
丙子	念五	己卯
戊子	三五	庚辰
	四五	辛巳
	五五	壬午

庚午新正。吳君以此命垂詢。余曰、地支子水一片。天干中丙戊。寒煖相濟。川

偏印以化官佳造也。惟本年庚午。與四子相冲。午爲丙刃。刃之爲物。暴戾而不易馴伏。若再逢冲。爲禍尤烈。恐如朝露之易晞。晝錦前程。或不可得。惜哉。吳君怫然不悅。蓋所詢者。卽其少君之命。且係單傳也。後聞此孩固於庚午七月。染疫而死。病僅一日耳。夫刃之逢冲。若無解救。徵論身强身弱。禍變接踵而至。如影隨形。如響斯應。此亦研究命學者。所不可不知也。

己亥	四歲	丙子
丁丑	十四	乙亥
己丑	廿四	甲戌
己巳	三四	癸酉
	四四	壬申
	五四	辛未

此張君德輿之命。張君現任華安合羣保壽公司上海營業部主任。或以己日己巳時。日爲金神格。然此格早爲陳素庵先生所闢去。祗能作亥丑拱子水

財貴。土重水經。身過於財以爲斷。觀夫所行之運。自以金水爲最佳。蓋金可以洩身之旺。水可以助財之力。故未來酉壬申辛。一路金水。奮發有爲。謀福利於人羣。創基業以潤屋。跂予望焉。據云。渠有同學陳其照君。同舟至美國留學。既同居同校。又同宿同膳。且八字亦類同。爲己亥丁丑己丑乙丑。僅相差一時。張君品學兼優。事業穩固。差堪溫飽而已。陳君則爲南粵富商陳輔成先生之哲嗣。炳謙先生之令姪。得父產數百萬。以豪富聞於時。余觀陳君之造。金神格亦不足道。拱子水財貴。而又有乙木偏官。以制比肩。堪稱標本兩美。故與張君命局。雖屬相仿。而豪富殆尤過焉。

辛巳	六歲　庚子
辛丑	十六　己亥
庚申	念六　戊戌
辛巳	卅六　丁酉
	四六　丙申
	五六　乙未

此李國杰先生之命造。干上庚辛西方一炁。支下巳爲金之長生。丑爲金之庫門。申爲金之祿地。乃屬一行得氣。時在季冬。金寒而失令。則較遜色。故用巳內丙火。以煉其銳。以驅其寒。前行丙丁運。豐裕顯赫。申運壬申年。因招商局賂案而入獄。良以歲運皆申。丙火用神。臨於病地。又受壬水之尅。一時蠖屈。所不免耳。書云。丙臨申位。逢陽水難獲延年。其不遭萎亡。巳屬萬幸矣。未來之乙木運。丙子丁丑兩火年。東南並行。剝極必復。大器堪期於晚成也。

己巳
丁丑
乙丑
乙酉

八歲 戊寅
十八 己卯
念八 庚辰
卅八 辛巳
四八 壬午
五八 癸未

此迺坤命。爲海上某聞人之女公子。庚午孟春既望。舉宴湯餅。大江南北。各界名流。均往道賀。極一時之盛。所收禮份。傳有十五萬元之鉅。固足豪矣。然亦有命焉。非可偶致也。蓄寒木逢丁而暖。得己而培。得乙而盛。干上一無廢物。支全巳酉丑。則偏官會局。夫星更昌。從德之美滿。何待言哉。或病水淺印缺。殊不知丑月丑日。爲虛濕之地。正喜壬癸未透。庶不飄浮爲患。故行運一路土金木火。福祿綿亙。光明昌熾。方興未艾。直至壬癸兩運。始見遜色耳。夫寒弱之木。不宜多水。祗喜木火。嘗見冬木孤寒之命。走水運而傾家蕩產。走木火運而倉滿庫盈者。不知凡幾。若泥於衰則喜幫。而以印爲喜見者。失諸毫釐。差以千里矣。

癸未
乙卯
乙亥
戊寅

十歲 甲寅
二十 癸丑
三十 壬子
四十 辛亥
五十 庚戌
六十 己酉

此命不識其姓氏。亦由平翁告我者。據云。迺上海工部局小工頭目。已積貲成富。生活殊優。余曰乙誕仲春。支全亥卯未。爲曲直仁壽格。所喜四柱絕金。格局無破。時落戊寅。寅爲火土生地。木之祿旺。則流通秀氣。堅固格局。更如錦上添花。是宜由漸入豐。空拳致富者也。前行之運。都屬水鄉。頗見安順。現行庚金。不利於格。順中防逆。還幸流年無金。滯而不凶。戌運爲火庫。爲燥土。豪富無疑。已運有乙木之奪。蓋即美中不足。狗尾續貂矣。平翁質余曰。命局既如是雋美。何以不作名公鉅卿乎。余曰。宦海一途。浮沈彌定。名公鉅卿。豈必好命。熙來攘往。甯及此君之優遊穩固。且駕手數千工人之上。鶴立雞羣。亦不失無冕帝皇之樂也。西漢黃霸有云。無官在職。一身爽輕。若此命造。雖少印綬之掌綰。詎不愈於坐高堂。騎大馬之顯達耶。

丁未　七歲　丙午
丁未　二七　乙巳
丁丑　三七　甲辰
丁未　四七　癸卯
　　　五七　壬寅
　　　六十　辛丑

右造本人。亦諳子平之學。自謂必死於巳運。及至庚午年。殆因環境坎坷。竟作屈原投海以自盡。幸爲水警撈救。終不獲死。余視其命運。天干丁火一氣。地支土星重疊。火土相生。正滴天髓所謂天全一氣地德載。亦命理約言所稱兩神成象。格局非下乘。胡爲作消極之舉。類匹夫之諒。作溝瀆之經乎。丑未一沖。土金沖動。丁火之精英。更足以發越。尤爲貴徵。巳運爲丁之帝旺。火炎太甚。自不爲喜。庚午年因有庚金之故。所以死而復活。現行甲運。亦助火炎。偪促如故。辰運爲濕土。清潤全局。應見起色。壬癸二運。水之尅火。渠自以爲美。余謂火土重而水輕。水萬不可以制火。反更激火之怒。招土之尅。何善之堪言。寅卯運木之生火。亦屬庸常。總核終身行運。少土金之途。則即所謂有命而無運。此乃自然之理。烏可强耶。

戊子	一歲	丁巳
丙辰	十一	戊午
丙子	念一	己未
戊子	卅一	庚申
	四一	辛酉
	五一	壬戌

名人八字。余閱歷多矣。然欲命局行運一路清澄者。殊不數覯。有之。惟劉先生鴻生之命也。蓋丙生辰月。干透戊土。爲食神格。其露雙戊。則食神更屬有力。不見陰土。則無傷官之混雜。月上丙火比肩幫身。乃不愁洩氣太重。支下三子會辰。本有傷於丙。然戊土制水。適成堤岸之功。而盡保母之職。可謂天成匹配。

但命理約言云。有食不見財來。何異塵羹土飯。所幸二十一歲後。二十年西方金運。財氣通源。自宜雲程萬里。富貴兩全。或謂壬運較遜。以壬丙一沖。不免平地風波。環生險象。然繼善篇有言。壬來剋丙。須要戊字當頭。則局中原有兩戊。制壬有餘。烏足爲慮。攷此造命有缺憾。運能補之。運有危害。命能解之。此所謂一路清澄。畢世庥穌。飛黃騰達。其來有自。非偶然也。

丙戌	九歲	辛丑
庚子	十九	壬寅
丁未	念九	癸卯
丙午	卅九	甲辰
	四九	乙巳
	五九	丙午

論命者。論休咎而已。斷生決死。有驗有不驗。蓋生寄死歸。有夢必醒。爲盜蹠而生。不如爲伯夷而死。生則未必爲吉。死則未必爲凶耳。上爲吾友柯君之命。

丁生子月。本屬殺旺，乃午未戌中三土，制殺太過，引以爲病。前行卯甲兩運。盈財數十萬。談命者。皆謂木之尅土。病神除去。不脛而走，洵非誣也。預料運入乙木。豐發當尤過之。詎知竟於今庚乙運乙年。病而不起。然富貴雙全。兩子玉立。且皆有聲於時。結局不可謂不厚。否則以後巳午火土之鄉。難免遭刼。若終於偪促之際。反不如今日考終之爲得矣。則我友今庚之死也，未始非幸事耳，嘗見有陳姓一命。爲乙巳戊子丁未丙午。丁生子月。根本極輕。畏水之尅，然巳午未戌。重土如林。亦制殺太過。術者皆斷其戌運必死。却今仍健在。惟於丙運。煙酒嫖賭。消耗資產。不計其數。至戌運爲父驅逐。流而爲丐。是乃雖不死亡。貽醜自苦。有何生人趣耶。觀夫柯陳兩造。生死適成對峙之局。則命理精微。可以想見矣。

乙丑　十歲　庚辰
辛巳　念十　己卯
甲辰　卅十　戊寅
甲子　四十　丁丑
　　　五十　丙子
　　　六十　乙亥

近閱西報。盛載英皇喬治第五之傳略。余以其生庚譯爲夏曆。演成命局（排列如上）對照其事歷。頗有不爽者。夫甲木日元。子辰水局。巳丑金局。爲官印相生。干透辛金正官。自是大貴之格。冠冕堂皇。統馭萬民。固所宜也。據傳十五歲至十八歲。環游世界。念五歲管帶海軍魚雷艦。此時正交辰己財運。自應超拔出塵。竿頭日進。廿六歲患傷寒症甚劇。廿七歲乃兄逝世。卯運刼刃之故。四十六歲交丑運。財貴之途。已應發越。益以四十七歲辛亥年。又屬正官之鄉。果於是歲登極。入承大統。足徵命之可信矣。現行甲運。身太重。官較輕。未許樂觀。余本不欲批外人之命。惟於髫齡時。嘗讀西史。深悉歐美風化。亦頗信運命之說。爰以中國命學。推證英皇之造。蓋冀研究世界文學者。進而教之焉。

癸巳	七歲 癸丑
甲寅	十七 壬子
壬辰	念七 辛亥
庚子	卅七 庚戌
	四七 己酉
	五七 戊申

俗有所謂早子時夜子時之分別者。乃以晚間十二時前。爲本日之夜子時、十二時後。爲下日之早子時。此論曆法則或可。論命則萬萬不可。考曆書之稱夜子時。蓋表明節氣之交換。在於子時之初（即十二句鐘之前）也。故祇有夜子初幾刻幾分。從未言及夜子正幾刻幾分。子時旣正。固無所謂夜矣。可見夜字者。僅包括子時之前段耳。後人誤以夜子時爲本日之子時。早子時爲下

一日之子時。且又憑之論命。無怪有毫厘千里之差矣。今以黃君之命。舉爲例證。黃君生於光緒十九年正月初七日。晚間十一時半。八字排列如上。壬日坐庫。時落庚子。年上見癸。生扶者衆。不以弱論。況在初春。壬水餘威未失。乃喜木之洩秀。火之欣發。逢土尅制。亦不爲畏。故四十二歲前。一派金水運。浮沈宦海。粟碌無善。位不過科員。祿不過百金。去歲交入戌運。流年亦爲戌。戌是燥土。有鎭水及溫煦之功。宜其擢升科長。明歲起卽逢丙丁戊己流年。雲程更上。當敢預卜。未來臆斷。固不可盡信。已過之事。却已應驗。乃有人堅謂是年正月初七。爲辛卯日。晚間十一時半。乃屬辛卯日之夜子時。八字應爲癸巳甲寅辛卯戊子。然命局財多身弱。何以前行庚辛幫身運。一籌莫展。更何以去年甲戌。身弱逢財。忽得良遇。往事皆無可符者。豈可據以爲信乎。倘更質以誠如君言。則是日上午零時二十分。與晚間十一時半所生者。皆爲辛卯日戊子時。距離有十一個鐘點之差。而八字竟完全相同。寧有是理耶。不知彼將何以答我。（按此篇曾發表於時代日報命學講座。旋接蘇州紫蘭巷十三號朱傲骨先生來函。謂夜子時理應日用今日時用明日。蓋基於星平大成所謂今日之夜。非明日之早也。並蒙將黃君八字。改爲癸巳甲寅辛卯庚子。又加評論曰。庚爲幫身。甲庚交戰。財已刼去。是以不作財多身弱論。庚運刼財。財逢刼奪。栗碌固宜。去年歲運俱戌。戌爲陽土。爲正印。土生金。財逢印以遷官。擢升科長。又何疑乎。窮通寶鑑云。春月之金。餘寒未盡。性柔得土生乃妙。謹此照錄如上。以待高明揣究。

甲戌	八歲	戊辰
丁卯	十八	己巳
甲申	念八	庚午
庚午	卅八	辛未
	四八	壬申
	五八	癸酉

或有詢余者曰，八字亦有所謂精神飽滿者乎。余曰有。或又請益曰，奚以知其然。余曰，此誠難言之矣。蓋祗可以意會，不可以言傳也。爰將上列一命剖之，此乃余友人之子。甲生卯月，爲至旺之鄉，時透庚金，得祿於申，斧鑿功深，樑棟成矣。月頭丁火，得祿於時，欣發木氣，璀璨成章。身既旺，殺又強，傷更健，兼以午中夾未財，點綴得宜。豈非如人之神清氣爽，精神飽滿者乎。月刃用殺，殺有傷制，舒配既美，行運亦無阻畏。蓋逢土爲財，非身強所忌，逢火制殺益力，逢水則印以化殺，各盡其妙，誠無間言矣。是命雖格局平常，却遠勝奇格異局之上，茫茫人海中，能有幾許耶，

己卯
丙子
乙丑
丁亥

一歲　乙亥
十一　甲戌
念一　癸酉
卅一　壬申
四一　辛未
五一　庚午

此鄭君命也。君爲海上紗業界聞人、得失動輒萬金、其經營商業、範圍廣大、駭人聽聞。夫天干丙丁與己、一派火土財鄉、地支亥子丑卯。盡是水木幫身。標本停勻。更妙各立門戶、固不愧商場健將。且乙丙丁。亥子丑。干支聯珠。矯勇善戰。角逐果敢。習性生成。非偶然也。前運壬申十載、積貲三百萬。尤得力於申運。蓋原局缺金、申金會齊五行、源遠流長、生生不息故也。至癸亥甲子兩年。傾家蕩產。反欠人百餘萬、水木太過。所以致此。庚運爲金。又屬大利、淸償宿負。游刃有餘。再盈數十萬金。去歲甲戌。爲刼財流年、復告室如懸磬、抑且高築債臺、今年乙亥。已無活動餘地。按乙亥之水木太重。本非所利、恐年內有咎無休。興味蕭然。明歲丙子起。純逢火土之年。直如冬盡春回。大地錦繡。又是花木暢茂。一片蓬勃景象矣。

癸卯	六歲	庚申
辛酉	十六	己未
乙卯	廿六	戊午
辛巳	卅六	丁巳
	四六	丙辰
	五六	乙卯

此爲某軍人之命。癸酉暮春。嘗訪余廬。自言溷跡軍伍。碌碌半生。邇來環境蕭然。擬投浦自盡者。已經三次。終不識命運如何。究竟生機絕否。余曰。乙木死於秋。所患辛金根深。受尅太重。幸有癸水之洩金生木。危而有救。惟丙丁不透干。七殺不獲其制。日主則不克如滴天髓所謂懷丁抱丙。跨鳳乘猴。而仍嫌柔弱。爲美中不足也。君既才識歷衆。抱負不凡。若遽萌短見。無乃自棄乎。前運一派土金。助殺壞印。故豐才嗇遇。莫展經猷。然本年即交午火運。制殺功深。定見轉機。如南方有故舊。前往求援。正可水魚膠漆。相得益彰。此人唯唯而去。闊

別三載。忽於上月翩然復臨。神采煥發。大非昔比。據謂別後亡命羊城。出舅氏之介。投效某軍長麾下。嗣得軍長之賞識提攜。竿頭日進。茲且攫重權於南粵。比者道經春江。因感余當年所斷之盡驗。指其求援南方。獲益尤非淺鮮。特來面謁。專伸謝悃。余爰再視其命。此後丁巳丙三運。更較昌盛。勉以鵬程無限。善自爲國効勞云。

癸巳	一歲	乙卯
丙辰	十一	甲寅
壬申	念一	癸丑
癸卯	卅一	壬子
	四一	辛亥
	五一	庚戌

此爲前中央研究院院長楊杏佛先生之命。考其辰月壬申日。並得生地庫地。夫又癸水雙透。身强有餘。應用丙火之財。而巳爲丙祿。卯爲丙母。財有淵源。

胥賴乎此。一代文豪且爲文官。固其宜也。蓋命局和靜。病藥停勻。身分超拔。若合符節。四十一歲交辛運。辛來合丙。流年復逢癸酉。酉更沖卯。一片汪洋。用神盡拔。故不免爲人狙擊。亦猶博浪沙終。良可惋惜。以前壬運癸亥年。亦滿盤是水。乃得康莊平坦。誠使人百思而不解。然進而思之。巳亥雖沖。究輕於卯酉之沖。則益信用神之祿。沖去猶可。用神之母。萬不可沖。是又增我一番經驗矣。

辛丑	四歲	庚子
辛丑	十四	己亥
丁酉	念四	戊戌
丙午	卅四	丁酉
	四四	丙申
	五四	乙未

右爲本埠張君之命。財重身輕。所妙時上一刼一比。雖嫌柔弱。還幸有根。約時聞術者言。財多而强。且日支文昌貴人。定得賢美之妻。沾沾自喜。唯盼早賦

燕詩及至二十四歲。識同學某女士、由戀愛而成婚、女士品學兼優。初固伉儷甚篤。以爲術者之言驗矣。詎於庚午年、女忽溺於博弈、寢食俱廢、每晚輒至一百八十一號（海上唯一大賭窟、）作輪盤之賭。未滿一年。私蓄蕩然、無以自慰。乃由高樓越窗而墜、死於非命。厥狀殊慘。客歲、張君又思鸞膠繼續。惟慮復蹈覆轍、就決於余。余曰、以財多爲病、財卽妻星。烏足言內助賢美耶、惟戊戌士運。已成尾聲。丙丁幫身運、卽將蒞臨。此番續絃、當不致再如元配之結局。但欲倡隨適意。亦不敢斷定。夫普通談命者。以爲財乃妻星。日支乃妻宮、財旺者。或日坐財星者。妻必得力。殊不知財多爲病之命、妻宮美於何有、論妻之優劣。固以財爲標準。然尤須先觀財之得用與否。若命中以財爲喜神、財雖薄弱、亦主得妻之力。正不必斤斤於多寡之間。以論其美惡也。

丙申 九歲 甲午
癸巳 十九 乙未
癸亥 念九 丙申
甲寅 卅九 丁酉
四九 戊戌
五九 己亥

此天津人李君之命。君恆角逐於跑馬場中。嘗得香檳頭獎。平日博弈。亦勝多於負。其營業所得之薪酬。僅敷支出。跑馬所盈者。乃獲豐積。或羨其賭運亨通。以余視之。不過命局安頓。財星得用而已。蓋癸日甲寅時。傷官得祿。丙年巳月。偏財得祿。傷財相生而流通。美滿極矣。妙有亥水帝旺。癸水比肩。申金正印。協力扶身。乃致身主不弱。堪任其財。尤妙寅亥既相合。巳申又相合。亂中見靜。若不流連於跑馬。而孜力實業。亦未始不可富擬陶朱。財比猗頓。前運皆屬木火。宜其不勞多獲。後運丁丙。財印之鄉。亦能日進斗金。利源四溢。李君勉乎哉。

按寅申巳亥。本爲四沖。因其地位處置適當。由沖而合。以余經驗所得。此等四柱。不在少數。然再逢寅申巳亥之一字。即爲沖散全局。不以美論。聞李君在中運內。財雖無所盈虧。然家庭多故。殊苦精神之創痛焉。

甲辰	三歲	丁丑
丙子	十三	戊寅
辛丑	念三	己卯
壬辰	卅三	庚辰
	四三	辛巳
	五三	壬午

近世談命者。凡見日干與他干相合。動輒以化氣格論。不知假化則庸俗無奇。真化則談何容易。書云。化之真者。名公鉅卿。化之假者。異性孤兒。可見化之貴乎真也。上爲宜陽縣政府張時甫先生命造。夫丙辛之合。時在嘉冬。可以化水。壬水元神透出。尤爲純粹。丑辰皆濕土。不能尅水。祇可蓄水。當不爲病。是乃

化格之真者。雖不必爲名公鉅卿。要非池中物也。早年運都屬土鄉。一肩行李。兩袖清風。三十二後。庚運之生水。辰運辛運之化水。飛騰上進。詎可限量。巳運土金並藏。瑕瑜互見。壬運助格。尤見燦爛。午運被子水冲拔。夕陽在山。爲時不久矣。張君遙聞余名。通函囑評其造。余以其化格清純。殊不多覯。前程當必大有可觀。故特誌之以視將來。

壬寅	六歲 癸卯
壬寅	十六 甲辰
辛未	念六 乙巳
己丑	卅六 丙午
	四六 丁未
	五六 戊申
	六六 己酉

離婚之風日盛。夫婦之道愈乖。壬申初春。有王姓婦者。囑評其夫君命造。據謂溺情聲色。流連博弈。外宿多日。輒不一歸。婦備受精神痛苦。擬與仳離。余曰。

辛金雙見壬寅，又值春木萌動。財多身弱，幸時上己土。納水生金。又得丑未之根。救弱主而任財。夫雖陽氣已動。節候尚寒。土金均無暖氣。未中之丁，見奪於丑內之癸。寅中之丙。懾服于干頭之壬。八字尚欠精神。自然之理也。乙運乙巳之冲。己土用神受損。宜其如無鞍之馬。無柁之舟。隨波逐流。從人徵逐而莫由自主。試問貴夫子是否念六歲起。迷沉淫樂耶。婦曰然。余曰是庸何傷。三十一歲歲尾。達足巳運。火來欣發。熾昌康泰。是應發揚蹈厲。丕振家聲。認定正途。悔悟前非。則賢伉儷和好如初。齊眉偕老。奚必一時不克忍耐乎。婦乃暢然意滿。興辭而退。後果應驗余斷。婦又詢余伊夫之後運如何。余曰三十六歲以下。丙午丁三運尤佳。後來居上。快哉快哉。

庚辰
己卯
壬寅
辛丑

八歲	庚辰
十八	辛巳
念八	壬午
卅八	癸未
四八	甲申
五八	乙酉

此蔣邦彥先生命也。蔣君幼年窮困。劬學無遺。黌舍蜚聲。早登鄉榜。壬運入仕版。歷膺浙江財政廳長。溫州關監督等使命。甲子年後。隨張宗昌服官魯垣。執掌財權。擁資數百萬。迨宗昌失敗。同避日本。戊辰年甲子月。被宗昌遣人潛殺于寓邸。夫壬日春生。寅卯辰會起木局。木多水縮為患。自取庚金為用。賴其生水制木也。以言格局。乃傷官用印耳。春金廢而無力。萬不可逢火。幸不見財星。印無傷害。天干己庚辛壬。地支丑寅卯辰。金水木聯珠。一氣精神飽滿。皆為貴徵。顯赫一時。固所宜焉。壬運比肩幫身。故為發軔之始。以後僅午運稍遜。癸未運不惡。甲運敵庚。戊辰年本為七殺助印。乃懾於運君甲木之尅。甲子月甲又尅戊。自難免罹凶禍。按此年正月甲寅。已有死亡之可能。雖幸而越過。至甲子月。終於戕身慘斃。可見命有前定。不可挽也。

丁未　三歲　乙巳
丙午　十三　甲辰
癸巳　念三　癸卯
戊午　卅三　壬寅
　　　四三　辛丑
　　　五三　庚子

黃玉麟先生。以皮簧聞於時。藝名綠牡丹。亦擅書畫。瀟洒儒雅。誠爲梨園雋品。前以蘇君之介。囑評其命。余曰。戊癸相合。旣見丙丁。又得巳午未。而當榴火舒紅。槐蔭結綠之候。乃純粹化火之格。宜其慧質天生。學無不精。豈平常優孟。可望其項背哉。一生行運。應以卯寅辛三部。最爲醇美。惜少土運。否則土之洩秀。尤爲出色當行。辰丑爲濕土。中含癸水。有悖於格。瑕瑜互見而已。或詢余何方爲宜。余曰。旣化火成格。自莫妙於南國。黃君頷首者再。據謂曩歲鬻藝雲南。賣座最甚。座價漲至八元有奇。勢將媲美梅博士之歐遊。噫。足可豪矣。然得地利之宜。亦與有功焉。

戊辰
己未
丁巳
丙午

四歲	庚申
十四	辛酉
廿四	壬戌
卅四	癸亥
四四	甲子
五四	乙丑

人事滄桑。升沉無定。際茲世界不景氣。富者貧。貧者困。世途尤險。比來海上經濟凋枯。地產衰落。市況蕭瑟。令人惴慄。尤以盧少棠。鄔志豪。程霖生。三公。慘遭失敗。更不勝今昔之慨。余嘗得視渠等之命焉。盧命排列如上。炎上而戊己吐秀。精明果幹。自非庸凡儕輩。近走丙運。運屬助格。不應挫跌。殆以壬申癸酉年之尅火。甲戌年之損傷戊土。乙亥年之尅己沖巳。連年不利。有所致歟。六十九歲後。行入寅運。歲運並美。或得東山再起。鄔命爲甲申丙寅甲申壬申建祿沖破。用丙火食神以制殺。固是長袖善舞之輩。且以壬水梟神爲病。刻在辛運絆合丙火。歲逢乙亥。亥爲壬祿。更如助桀爲虐。遭際之一蹶不振宜矣。或謂未運殊佳。然壬運又險。縱能復興。亦不過曇花一現而已。程命爲丙戌癸巳乙亥癸未。初視之。身財兩停。細究之。立夏以後。已戊未丙中。南火土進氣。水木無根。遠不敵火土。應以身弱論。行運都屬尅身。故雖飽享蔭福。歷來刼耗可觀。及至戌運，益爲不支，厥後戊己兩運，財重身輕。仍難樂觀。際茲年屆大衍，詩云，明哲保身。程君正可如孔子之知命。而永自韜養矣。

辛卯	七歲	己丑
庚寅	十七	戊子
辛巳	念七	丁亥
戊子	卅七	丙戌
	四七	乙酉
	五七	甲申

此造前當軍官。行運走至亥字。流爲綁匪。戊辰冬令。奉判徒刑十三年。現尚繫獄。囹圄生涯。殊形艱困。余視其命。無甚破敗。殊覺百思不解。客窗無俚。重溫滴天髓。見有載天履地人爲貴。順則吉兮凶由悖二語。始恍然大悟。蓋此命年柱辛金尅卯木。月柱庚金尅寅木。時柱戊土尅子水。日柱巳火尅辛金。干支覆載。悖逆刺謬。雖幫身衆多而財食無能爲力。所賴巳火制金。身強用官。運至亥

水。適冲巳火。固宜墮落人格。甘為盜蹠。丙運戊辰年。土重如崩。縲絏羈身。前程斷送。夫又何疑耶。

丁亥　八歲　癸丑
壬子　十八　甲寅
壬午　念八　乙卯
庚子　卅八　丙辰
　　　四八　丁巳
　　　五八　戊午

客有述發橫財事者。流俗心理。娓娓動聽。余因憶及二命焉。一即上列女命。壬水得祿旺於亥子。亦且水歸冬旺。身主強健。丁午兩財。既衰弱無根。又受冲受合。乃不類富有之人。然行運多木火。東南之暖。足以濟命局西北之寒。故處境裕如。夫子並榮。尤以丙運丙寅年。木火根深。財旺達於極點。固於秋間。獨得上海跑馬香檳頭獎。現又有一命。為丁未癸卯癸亥乙卯。或媚其旺食生財。必富無疑。余獨謂癸水不任衆木。求富大難。抑或因富致禍。無非金水歲運。弱主得助。方可積玉堆金。其人極信余言。蓋渠於丑運丁卯年。曾中萬國儲蓄會頭獎。終以木火太旺。財多身弱。富非應得。既遭回祿。又臥病二載。所得不償所失。直至二十三歲交庚運。始見順利。癸酉年又是金水幫身。是以十謀九成。且於冬季。得中航空獎券之分條頭獎。今已小康。雖仍依人作嫁。然時作公債投機。動獲巨利。精神愉快。遠勝於一般大資本家云。

庚戌	二歲	癸未
甲申	十二	壬午
己酉	念二	辛巳
辛未	卅二	庚辰
	四二	己卯
	五二	戊寅

石軍長戀有二妹。欲納其一。以充簉室。不識二人之命。孰爲優善。就決於余。

余曰。庚戌之造。秋土薄弱。受重金之洩。秀氣盡發。當有傾國傾城之姿。惟甲木官星死絕。乃非命婦之格。或恐不安於室。或恐早賦孤鵠。良可畏也。另一女命。乃癸丑癸亥丙申己丑。雖傷官見官。幸初冬水旺。又有申金之財。洩土生水。官星有力矣。身主固弱。宜用亥中甲木偏印。以之合傷幫身。姿色雖不逮前命豔麗。然兩相評較。彼則艱寒卑薄。此乃愜心貴當。石軍長雖韙余說。但終迷戀美色。卒娶庚戌秀豔之命。未閱半載。女果席捲遠颺。石軍長悔而無及。追從余囑之言。再覓癸丑之造。冀聯舊歡。詎料若女已嬪某君。安作商人婦矣。

壬寅　八歲　辛亥
壬子　十八　庚戌
丁亥　念八　己酉
癸卯　卅八　戊申
　　　四八　丁未
　　　五八　丙午

此乃舞女陳佩珍之命。正式遣嫁。傳已五次。刻聞徵逐舞場。迄無所歸。仍度其摟抱生涯。夫一丁被衆水包圍。明暗夫星。薈萃重疊。滿盤爭妒之象。是宜蛾眉螓首。蛇物蠍心。招展一般狂蜂浪蝶。如螻蟻之附羶也。現行酉運。生水有源。汪洋泛濫。恐仍意馬心猿。得隴望蜀。生張熟魏。送往迎來而已。三十八歲換入戊運。堤岸功成。方有樂觀。或不致浮沈花鏡。得能從一而終。猶足爲門楣嬪婦。否則。四十三歲後。申運助起水浪。是又不堪收拾矣。按官殺並見之女命。得良善結果者甚多。蓋其去留清楚。或制化得宜而已。若此命之五行少土。官殺不得其制。兩壬妒合一丁。癸水又來相爭。兼以亥中子中互藏壬癸。紛亂無以復加。不致夫星之二三其德者。蓋幾希焉。

壬午	五歲	丁未
丙午	十五	戊申
甲午	念五	己酉
庚午	卅五	庚戌
	四五	辛亥
	五五	壬子

或謂地支一炁類多貴格。然亦不可盡信。如上列之造。爲江西文學家梅君命也。地支純午。却屬一世清貧。蓋火熾木焚。壬水制不住。庚金任不住。勢大適爲我敵。勢小難爲我用。宜其相如壁立。季子囊空。送窮有文。點金乏術。惟八字純陽。勁節高標。孤芬自賞。固是書生本色。早年聞術家言。辛運合丙。絆住旺神。應見飛黃騰達。詎料行入辛運。丁卯年忽得瘋癱之症。貧而且病。良以辛運本不爲劣。歲逢丁字。又尅出辛金故也。近行亥運。較前豐裕。預卜其壬運可更進一步。子運冲午。滴天髓所謂旺者冲衰衰者拔。衰者冲旺旺者發。爲禍之烈。不

可收拾矣。又友人胡君八字。爲庚寅戊寅戊寅甲寅。地支純寅。但殺重制輕。殊爲缺憾。供職財政部。運至巳火化殺功深。由主事而升次長。迨及壬運。黨殺之故。一落千丈。午運雖亦化殺。終以壬水蓋頭。屢起無成。近年來愈趨窮困。竊恐其甲申運。更有屋漏又遭連夜雨之苦也。

庚辰	六歲	庚寅
己丑	十六	辛卯
癸丑	念六	壬辰
乙卯	卅六	癸巳
	四六	甲午
	五六	乙未

紹興蔣清渠先生。別署越州胖漢。服務軍警政學各界。公暇喜研命理。深有心得。早年遊歷大江南北。足跡所至。各同事咸請其談命。頗多中肯。前蒙郵示命造多則。囑余評斷。爰將管窺所及。呈請槃政。右爲毛希蒙先生庚造。毛先生

久歷軍旅。勛猷聿著。上年代理定海縣公安局長。勤求民隱。政譽更隆。夫癸丑日元。生於立春前十五日。已值己土用事。土乃七殺。月支丑宮本氣己土。藏干辛金偏印。殺印同根月令。是爲有情。又殺印同透天干。是爲有力。殺印相生。有情而兼有力。貴格也。辰爲水庫。扶助日元。內有官食同宮。則官受制而不混殺。殺格愈清。乙卯食神得祿。制殺尤力。惜卯落旬空。略爲減色。覘其足智多謀。佐治民事。統率軍旅。皆足以衞國定邦。非偶然也。行運最忌財鄉。己運有破財之虞。現行午運。官聲可振。而阿堵物仍難有緣。乙未運大佳。丙運財來壞印。危如纍卵。

庚子
丙戌
乙亥
乙酉

四歲 丁亥
十四 戊子
念四 己丑
卅四 庚寅
四四 辛卯
五四 壬辰
六四 癸巳

此係某軍需長之命。滴天髓闡微有云。「弱者宜生弱之極者。宜剋而不宜生也。所謂虛則補其母。是以秋木凋落。宜金而不宜水也。」又曰「太衰宜剋。衰極宜洩。」一依此而論本命乙木日干。生於立冬前十日。土王用事。身坐死地。時歸絕處。年逢病鄉。所依以生存者。賴有戌支身庫。及時干比肩。雖曰衰弱。尚未臻極地。宜剋而不宜洩也明矣。余以財旺生官立論。或有取丙火傷官。意謂庚金正官。爲丙火所傷。不足尚已。言非無理。但丙火絕於亥。死於酉。胎於子。僅有戌庫可賴。庚金有兩乙遙合相助。勢非孤立。按其身掌權務。繼任軍需。何莫非旺財生官之明徵耶。現行庚寅運。官坐絕地。宦海多風波。寅爲羊刃。與亥作合。以刃化印。宜其顯達。名利兩振。卯運欠利。

己酉
己巳
癸酉
戊午

三歲 戊辰
十三 丁卯
念三 丙寅
卅三 乙丑
四三 甲子
五三 癸亥
六三 壬戌

右係餘姚縣民生工廠朱聯泉廠長之造。祖業甚豐。賦性篤厚。殊爲就地士紳所推戴。廠內經費毫無。概由朱君捐助。夫癸酉日元生於立夏之後。値火土當權。財官用事。月令官星透天干。理取官星爲用。財印爲輔。不料兩位七殺。年月盤踞。大有官煞混雜之嫌。書曰官煞混雜。制煞爲福。今四柱不見食傷。制煞無物。妙有印綬化煞。則官乃純。立身政界。名譽隆崇。運途以寅運及乙丑運。俱順境。甲運稍差。子運亦利。癸運分官欠吉。

乙卯
庚辰
丙子
壬辰

四歲	己卯
十四	戊寅
念四	丁丑
卅四	丙子
四四	乙亥
五四	甲戌
六四	癸酉

舊命書以人生辰戌丑未之月。謂之雜氣。以其藏支多。故謂之雜。唯命理約言一書。闢之最暢。今丙火生於辰月。時透七煞。普通命家當取時上一位貴格。其他六神概置閒廢。愚見所及。取命格當以月中藏神。透干會支爲重。本命身健。（多印生之。）印旺。（月時之印透天干。）財透。（乙助庚勢。）煞强。（壬旺於子。非混官也。）當取食用煞印。立業宜近財政。定許得志。蓋食生財。財滋煞。煞生印。印生身。連環滋生。非騰達而何。行運最利。食傷身旺印綬亦宜。逢煞無傷。遇官非福。內助賢淑。財得食生也。令子克家。食神制煞也。

（據聞。此係上海四明銀行儲蓄部張君八字。亦由蔣翁示我者。）

甲辰　九歲　乙亥
甲戌　十九　丙子
癸未　念九　丁丑
辛酉　卅九　戊寅
　　　四九　己卯
　　　五九　庚辰
　　　六九　辛巳

右係安徽某當經理謝君八字。癸水生於戌月。已近黃土當權。土剋水爲正官。年支辰土。又是正官。時上辛酉干支皆金。金生水爲印。則局中有官有印。理當飛黃騰達。宦海航行。何今屈居市廛。經理質物爲事。寄人籬下。辛苦萬狀。厥故維何。要知官星宜露。露則清高。今辰戌之官。藏而不露。一也。辰戌冲。官與官自起衝突。二也。官既不透。而與官作仇之傷官。加蓋兩官之上。三也。有是三者。宦海無緣。乃致朝奉頭銜。加於身上矣。本命傷官透露。英華外發。作事精明。涉足近東南爲妙。住家離祖基相宜。行運以戊寅己卯大佳。

辛亥　　七歲　壬寅
辛丑　　十七　癸卯
甲午　　念七　甲辰
癸酉　　卅三　乙巳
　　　　四七　丙午
　　　　五七　丁未
　　　　六七　戊申

此南京杜靄繆先生次女公子。錫貞女士之命也。杜公歷任蘇省南匯江陰江浦等縣知事多年。政績卓著。敝友蔣清渠先生蒙杜公延請辦理司法。兼第一科行政。相處多年。彼此投契。近有某君爲女士作伐。與某公子撮合。杜公深悉蔣君精於命理。請其推評而決焉。邇因蔣君與千里探討命理。昨蒙將女士幷壻之庚造開示。謬陳芻蕘於次。本命財旺生官。而官星太旺。透印以解。乃得中和。午中傷官甚妙。是救病之藥也。運行木火相宜。金運大忌。合乾造而觀之。

洵是天成佳偶。可見杜公擇壻之目力不差。蓋壻命爲戊申甲子戊戌戊午。戊土生於子月。四柱火土重重。身强財旺而煞透。富貴之命也。年坐文昌。學藝定許軼衆。時逢羊刃。七煞遇之爲奇。子午相沖。妙有申戌調解。當卜性極忠實。意志傲强。行運忌走火土。水木最利。

庚子	五歲	乙酉
甲申	十五	丙戌
癸酉	念五	丁亥
癸丑	卅五	戊子
	四五	己丑
	五五	庚寅
	六五	辛卯

右列庚造。係福州南台王世昌先生。上年郵寄蔣濤渠先生推評。今蒙開示。謬陳管見於後。癸水生於申月。金白水清。秀而無比。依滴天髓通隔論而推。年上庚金。爲發源之地。流通至時上丑土而止。最可喜者。月干甲木。能運動水氣。

能生火以調和金氣。四柱地支。子申半會水局。酉丑半會金局。滿盤金水。若無甲木透出天干。則金水混濁不清耳。正印用傷。別無可取。覘君之門第清高。材藝軼衆。可斷言也。坐下酉宮偏印。必偶能家之婦。二槐流香。行運己丑十年。上下皆煞。一帆風順。平步青雲。名利崇隆。攸往咸宜也。庚寅運。亦許順境。壬辰運有礙。

庚午	七歲	庚寅
己丑	十七	辛卯
己未	念七	壬辰
甲子	卅七	癸巳
	四七	甲午
	五七	乙未
	六七	丙申

右係紹興翁新玻璃廠主人劉炳輝先生之造。亦由蔣清渠君開示。囑余評斷。查己未日元。生於丑月。已值土旺用事。柱中土凡五見。所好者丑未逢沖。沖

出丑中辛金食神。而年庚傷官。爲辛金之助。一生安居樂業。財丁兩旺者。全賴於食傷之力也。本命八字取用。年祿既不足以言格。合化又見妬合難成。不如季土疊疊。喜重金以吐秀。月辛年庚。取用爲妙。而時上之財有源。不特中饋得力。家境漸豐。子孫繩繩。全在丑未一冲。庚辛之力也。行運壬辰癸巳念年。財源逢庫。喜神遇長生。營業之發達。獲利之豐盈。無可比擬。生齒日繁。更意中事耳。甲運稍差。乙未運更順境。入丙運宜防衞。

庚申
己卯
丙戌
庚寅

三歲	十三	念三	卅三	四三	五三	六三	七三
庚辰	辛巳	壬午	癸未	甲申	乙酉	丙戌	丁亥

此係福建劉杏村先生長子含懷兄八字。丙乃純陽之火。其勢猛烈。能煅庚金。遇强暴而施克伐也。能生己土。成慈愛而不凌下也。坐於犬鄉。會虎合兔。火勢益厚。日主健甚。己土臨月干。以卑濕之土。能收元陽之氣。得以洩丙火之威。壬水藏年支。汪洋之水。能制暴烈之火。得以遏陽火之焰。庚金兩露。財臨旺地。本命取格。依正理以推。身旺印强。自然以食傷爲用。洩其太過。茲卯戌相合。正印化刼。不若取傷官用財爲得當也。夫火土日元。人極渾厚。姿質靈敏。傷官透露。生出偏財。高傲之中。帶有幾分柔氣。將來讀書經商。兩均相宜。若立身於金融界。尤卜權重位高。發展地盤。西北最利。行運以已火比肩祿堂。身强不喜生扶。刑耗在所不免。壬午運。壬爲七煞。午爲羊刃。馳譽社會。家道興隆。立德立言。有名有利。癸未運正印遇官。惜露傷官。美中不足。甲申運一帆風順。乙酉運。乙爲正印。酉爲正財。於命於格。似無衝突。乃乙木絕於酉。丙火死於酉。印綬身主遭傷。刑耗有之。丙戌運尚可。丁運則殆矣。

辛亥　三歲　乙未
丙申　十三　甲午
戊午　念三　癸巳
己未　卅三　壬辰
　　　四三　辛卯
　　　五三　庚寅
　　　六三　己丑

戊午日元。戊爲陽土。喜潤而惡燥。今生於立秋之後。已金旺而土休。幸坐午宮旺地。又有羊刃幫身。日主高强。一生樂自無憂。格取申宮食神。兼取偏財爲相。名曰食神生財。所以洩身之秀。調劑火土之和。用食忌梟。丙火梟印蓋頭。則食受制矣。詎知丙辛作合。而印非其印。傷官透露。主人性剛。月坐文昌。無怪金石書畫。不學而能之也。戊坐午日。羊刃逢印綬。理應殘疾帶身。行運以已火祿堂不利。壬辰辛卯庚。念五年。有財有名。大吉大昌。寅冲申。多厤煩耳。（餘姚魯

昌寧君八字）

丙戌　六歲　丙申
乙未　十六　丁酉
丙戌　念六　戊戌
辛卯　卅六　己亥
　　　四六　庚子
　　　五六　辛丑

此紹興陳君泳之命也。傷官用財。生於立秋前半月。正值土王用事。神峯所謂真傷官。運行戊戌己三部。喜神逢運透清。時值光復。絲綢價格銳跌。陳君在杭開設乾裕永綢莊。經營十五年。獲利三十萬。入亥運。憾於亥卯未會成木局。事業凋疲。乃賦歸來。擁貲二十餘萬。足享林泉之福。將來交子運。尚可再起。蓋六月間火土燥烈已極。柱中不見滴水。故富而不貴。今逢子水滋潤。調候爲急。豈有不勃然興者乎。

甲申	三歲 己巳
戊辰	十三 庚午
丁未	念三 辛未
丙午	卅三 壬申
	四三 癸酉
	五三 甲戌

此係陳泳之君胞兄馥堂先生庚造。雖亦火土傷官。與泳之君火土傷官。大相徑庭。蓋泳之自手經營綢業。獲貲數十萬。馥堂亦自設綢肆。未及三年。因虧耗不支。停業家居。株守田園而已。運行壬申時。傷官見官。一敗塗地。破財喪妻。備嘗困頓。細按之。丁干陰火。生土之力甚薄。而戊土不產真金。故無生財之道。王運之不入黃泉。賴甲木之功。稍納水勢耳。

庚午
癸未
壬午
辛丑

四歲甲申
十四乙酉
念四丙戌
卅四丁亥
四四戊子
五四己丑

右係蕭山金伯平先生之三公子。德潤孩造壬日坐午。號曰祿馬同鄉。言其有財有官也。生於立秋前十日。巳值己土用事。官臨旺地。印綬透天干。正財伏兩午。財官印三奇俱全。洵上乘之命也。未月壬水。力本薄弱。今有癸水幫身。兩印生身。弱而不弱矣。宜於政界立身。位高權重。收入亦豐。但刼財透干。剝削極重。乙亥丙子二年。上學讀書最利。行運自酉字起至亥字止。俱臻佳妙。戊運平平。子運羊刃逢沖。家口多麻煩。骨肉有刑傷。己丑十年亦佳。庚辛兩運。恐有不利。

辛亥　　一歲己丑
庚寅　　十一戊子
丁未　　念一丁亥
辛亥　　卅一丙戌
　　　　四一乙酉
　　　　五一甲申
　　　　六一癸未

丁火日元。生於立春後一日。嚴寒未解。火力未充。得木生之。自然氣燄勢足。復查年月日時。四支俱有甲乙之木。生火已嫌過多。而寅宮丙火。未中丁火。亦皆有輔主之功。財神高透天干。正官藏於兩亥。本命財官印三奇俱全。理應聲名騰達。平步青雲。何今屈蟄市廛。寄人籬下。持籌握算。鎮日勞勞。要知柱中寅亥作合。亥未相會。官星暗損。宦海無緣。習賈經商。方堪溫飽。印遇財傷。堂上之蔭庇不久。正財明露。閫中之威力獨張。子息無多。有二位足滿慾望。日逢天德。遇險事可以化夷。亥爲乙貴。遊異鄉到處歡迎。大運初交己丑戊子。俱未順利。

骨肉刑傷。丁火幫身。亥運官貴。連丙戌十年。有名有利。生子添丁。乙運欠佳。酉運尚順。壽阻未運底。（天津陳德培先生命造）

戊申	八歲	戊午
丁巳	十八	己未
己巳	念八	庚申
辛未	卅八	辛酉
	四八	壬戌
	五八	癸亥
	六八	甲子

己土日元。其性卑濕。能生木亦能潤金。生於巳月。赤帝司權。土隨母旺。日主高强。依理而推。當取正印爲格。一派火土。混濁不清。所幸傷官傷盡。用之爲奇。性極高傲。作事聰明。祖業不豐。尚堪溫飽。將來自手發展。獲資綦鉅。妻堅配。方免刑傷。子遲得。乃有收成。大運初行戊午己未。火土幫身。不見佳妙。庚申辛酉念年。喜神透清。添丁增口。財帛進門。壬癸財運。柱中刦多。暗受其損。恐多痲煩。

亥運冲巳。不利。（餘姚王吉哉先生之命造）

庚辰	六歲	戊子	
丁亥	十六	己丑	
丙辰	廿六	庚寅	
丁酉	卅六	辛卯	
	四六	壬辰	
	五六	癸巳	
	六六	甲午	

右為甯波第五特區行政專員趙次勝先生之八字。丙火生於亥月。冬日可愛。丙丁幫身。亥中殺印同宮。庚財通根於酉。滋殺有源。辰中食神制殺。舒配得宜。以故蜚歲軒昂。政聲聿著。入壬辰運。殺食兩顯。出任專員。辦理新嵊奉三縣剿匪事宜。旌旂所至。小醜披靡。甲運本有奪食之嫌。杵露庚金。仍奮發有為。午運羊刃。靜養太和為妙。

乙巳
乙酉
丙辰
丙申

九歲	十九	廿九	卅九	四九	五九	六九	七九
丙戌	丁亥	戊子	己丑	庚寅	辛卯	壬辰	癸己

四柱天干。兩乙兩丙。木火相生。人必曰兩干不雜格。其實不然。女命所注重者財官。柱中有財有官。不冲不破。便爲佳造。今丙火生於酉月。正財當令。與年支之巳半會金局。與日支之辰合而化金。會合俱爲財。本命財乃極旺。可覘其極有才能。作事幹練。交際手段亦高。柱中東合西會。面面留情。幸有兩印透干。操守貞潔。幫夫助家。鄰里稱賢。行運戊子己丑念年。助夫興業。家有餘歡。庚運亦佳。寅運冲申。未見佳妙。辛卯運亦順境。入壬辰運。遇壬戌年。最要防衛。（餘姚徐德聖先生夫人八字。）

己酉
己巳
丁丑
甲辰

四歲 戊辰
十四 丁卯
廿四 丙庚
卅四 乙丑
四四 甲子
五四 癸亥
六四 壬戌

右係福州省郵務局祕書鄭炳年先生之郎君希文兄庚造。現在上海東湖法律學院肄業。品貌秀麗。學問淵博。核其命理。確相符合。非偶然也。丁火生於巳月。年酉長生。日丑墓庫。時干正印。日元健朗。或取食神生財。或以月刃當煞。言雖有理。皆非正論。當以月刼用財。或疑旣用刼又用財。豈非自相矛盾。世有令盜賊之人而掌銀庫者乎。詎知月刼用財。須帶傷食。蓋月令爲刼。而以財作用。二者相尅。必須食傷化之。始可轉刼生財。今柱中食神兩透。甲己作合。正印意向食神。生財綽有裕餘。本命不但轉刼生財。且可化刼爲財。曷云乎。四柱地支。已酉丑相會。卽以刼財之火。化爲金局之財。而時支之辰。生年支之酉。亦有助於金局。兩位食神。俱有生財能力。安得不大富貴亦壽考耶。夫食神健朗。一生衣祿無虧。年坐文昌。學藝定占軼衆。豐範清秀。姿質靈敏。印透時干。又見其宅心正大。無黨無偏。他時爲國宣勞。自不浮沉隨俗。今日研究法律。正以栽植基礎。查其一生行運。除丑運火庫。稍有蹉跌外。餘皆迪吉。美不勝言。滴天髓所謂一清到底有精神。管取生平富貴真。堪爲斯造詠。

辛亥	十一 己亥
庚子	廿一 戊戌
庚辰	卅一 丁酉
丙戌	四一 丙申
	五一 乙未
	六一 甲午
	七一 癸巳

右係炳年先生第三郎君希傑先生庚造。求學北平大學。推訂四柱。庚金生

於仲冬之月。坐下辰土。月干庚金。年干辛金。皆足爲日元之助。身主健朗。可覘其德性堅定。作事精明。傷官坐月令。英華外發。聰明伶俐。年支遇文昌。學術高明。堪以預卜。身强宜洩。月支子水。正所以洩身之秀。而亥子會成水方。子辰半會水局。雖曰方局不宜相混。要皆擁護傷官。意向一致。則以傷官取格。自無疑義。時值冬令。水旺金强。嫌其過寒。所幸時上丙火透天。不惟冬日之可愛。調候亦關緊要。故兼取七煞爲相。名曰傷官帶煞。行運丁酉丙申乙未甲午均佳。

丁亥
壬寅
戊申
壬子

三歲	辛丑
十三	庚子
廿三	己亥
卅三	戊戌
四三	丁酉
五三	丙申
六三	乙未

右係紹興蔣清渠先生庚造。別署越州胖漢。曾畢業中校。清季在本省各府辦理刑名。暨新政事件。光復後入法校聽講。旋辦紹興成章女中校。歷任蘇省各縣司法科主任。及第一科科長。十六年後。在浙江省防軍任書紀官。升首都警察廳佐治警政。近復辦理建設新政。前承開示庚造。囑予評斷。

戊屬土。爲萬物之母。此常論也。其實僅憑單獨之土質。雖一草一木。亦不能滋長發榮。必須水以潤之。火以暄之。始可生生不已。今月支之寅。中藏丙火。月干之壬。明明屬水。水火兩全。萬物賚生。門第清高。人才軼衆。於此可卜。惟細按之。年支逢亥水。時干透壬水。日時二支。又聯合水局。水計有五。僅恃年干丁火。及月支之寅。所藏丙火。斷不能勝多數之水。雖曰水火兩全。究未坎離調燮。必須運入火土。助日元用神之不逮耳。查己運尚佳。亥運不利。戊戌丁酉丙申卅年。名業崇隆。生子餘金。公私暢適。攸往咸宜。六十七歲癸巳年多痲煩。愼防爲要。

乙丑 六歲 六 己卯
庚辰 十六 戊寅
己未 廿六 丁丑
庚午 卅六 丙酉
四六 乙亥
五六 甲戌
六六 癸酉

右爲程柏堂先生庚造。程籍紹興。光緒丁酉年拔貢。截取京官乙巳年。出任蘇省華亭縣知縣多年。光復後。歷充釐差。並在江浙財政廳任祕書科長等職。工於八法。頗負盛名。家貲鉅萬。伉儷和諧。查其庚造蓋己土生於辰月季土疊疊。午火居時日元强旺無疑。或以日祿歸時沒官星取格。或以月刼用煞定評。按之旺者宜洩。季土疊疊宜重金以吐秀。本命幼歲選拔萃科。歷官京曹壯年出膺花封。政聲卓著。非其傷官得氣而何。精文學。擅八法。猶餘事耳。查大運甲運稍差。聞彼時篤信佛學，靜心休養，得以化險爲夷。戌運癸運重列仕版，一路順境。酉運食來混傷。難以言吉也。

庚辰	八歲	己丑
戊子	十八	庚寅
己卯	廿八	辛卯
乙亥	卅八	壬辰
	四八	癸巳
	五八	甲午
	六八	乙未

右爲曾任浙江餘姚湯溪等縣縣長端木彰先生庚造，己土生於子月，偏財當令，柱中七煞重重，財來滋煞。故歷任軍界要職。（前浙省魯主席滌平是其門生）柱中所缺者印綬，殺無印不威，故其人溫厚和平。藹然可親。內權獨擅，蓋殺居日支也。迨運入巳地，煞印相生，而寒令之濕土，遇陽光普照，豈有不舒展之理，故於壬申年四月，委署餘姚縣長，至甲戌夏季，調篆湯溪，政聲卓著，近

甫卸職。預料入甲午運。木能生火。而火生土。必較己運尤勝。且甲與己合。官不混殺。交乙運合庚不利。

庚子　八歲　丙戌
乙酉　十八　丁亥
癸巳　廿八　戊子
己未　卅八　己丑
　　　四八　庚寅
　　　五八　辛卯
　　　六八　壬辰

右係寧波和豐紗廠經理淩伯麟先生庚造命書所載。癸日坐向巳宮。財官雙美。則人生於癸巳日元。無有不富而且貴者。其實要四柱合看。未可以一概論也。本命癸水生於白露之後。正值秋金司令。偏印用事。年上透出庚金正印。而乙木助之。年支比肩。又是祿堂。總觀癸水日干。有如許擁護之神。則弱而不弱矣。本命取格取用。有以歲祿用官。或取時上七殺。細按之。年祿固不足以言格。時殺亦難免偏激。以印綬化殺最爲確當。柱中金水兩旺。可覘其性極喜動。但有己未兩土。堤防。故動而就範。宅心正大。姿質靈敏。殺印透干。宜乎幼年經營紗廠。振興實業。行運戊子稍差。己丑庚辛。大吉大利。莫嫌老圃秋容淡。霜葉紅於二月花。

戊戌
戊午
丁卯
丙午

二歲 己未
十二 庚申
廿二 辛酉
卅二 壬戌
四二 癸亥
五二 甲子
六二 乙丑

右係上海大衆書局經理樊劍剛先生八字。丁火生於午月。正逢當令之時。日主甚爲强健。加以兩祿幫身。丙火輔主。卯木生干。雖曰至剛莫厭。究嫌其太過。幸有兩戊透干。得以洩火之秀。本命作事機警幹練。才學高明。於此可覘。所惜四柱五行缺水。似此火炎土燥之際。能有甘泉滋潤。則坎離調燮。前程莫可限量。今賴運來補救。未爲晚也。本命以建祿用傷取格。洩其太過。亦得秀氣。雖不及春木秋金之貴。而火土傷官。適亦得時乘勢。經營就富。可斷言也。行運庚申辛酉財運。於格最利。但柱中比刼環伺左右。定有耗財之舉。壬戌癸亥廿年。火土傷官見官本忌。乃調候爲急。故反吉也。經營獲利鉅萬。毋煩贅述。

丙戌	九歲	戊戌
丁酉	十九	己亥
己卯	廿九	庚子
丁卯	卅九	辛丑
	四九	壬寅
	五九	癸卯
	六九	甲辰

右係營口天和報關行經理張之聲先生庚造。己土生於酉月。正值秋金司令。食神當權。洩身之秀。美不可言。無如四柱天干。陽火陰火。層見疊出。食神受

印綬之掣肘。已無遁飾。所謂火炎土燥。金無所賴。且卯酉逢冲。酉戌相害。將極妙秀氣。完全剷除。本命弱點。卽由於此。卯宮偏官。結黨攻身。原冀食神來制。不圖食神本身。四面楚歌。自顧不遑。乃偏官不得不用印來引化。所謂制殺無如化殺高。以食神格而兼用殺印。行運自子字起歷行辛丑壬寅癸三拾年。步步順境。處處遂心。經商獲利。數可驚人。惟妻不尅。主不睦。子艱難云。

戊子	五歲	丙寅
乙丑	十五	丁卯
辛丑	廿五	戊辰
壬辰	卅五	己巳
	四五	庚午
	五五	辛未
	六五	壬申

鄭正秋先生。經才緯抱。四海知名。其於戲劇及電影。不過寄情抒懷。效生公之說法。予世人以鍼砭而已。頃以噩耗傳來。大雅云亡。不勝人琴之慨。爰乘本

書付梓之際。特殿是篇。藉誌哀悼。余與先生。由詩文之酬酢。交締忘年。先生最信余課。遇重要機密。輒委占六壬。時蒙以有爲期許。拳注彌殷。每挹其芝光。聆其蘭語。恆令人一往情深。不能自已。查先生之命造。辛誕寒冬。疊逢重土、盛水、既患寒濕。又兼柔弱。所以質同蒲柳。未老先凋。早年丙寅丁卯等運。東南濟美、學冠羣英。迨交戊辰重土。書劍飄零。風塵潦倒。己運亦未償宿負。巳庚兩部。一火一金。方見飛騰。何期歲逢乙亥。月遇癸未。亥子丑會北方。癸水又助濕。丑未再冲動。哲人遽萎。社會上又失一急公好義。學養俱深之俊彥。能不長歌一哭乎。

己未	戊辰	丁未	戊申

五歲	己巳
十五	庚午
廿五	辛未
卅五	壬申
四五	癸酉
五五	甲戌

某名公以楊秀瓊之八字。囑余推評。夫丁火滿見戊己於干支。又在穀雨之後。黃土當權。應如命理約言所云『日主無根。滿局皆傷。則當從傷。』不作身弱論。亦卽滴天髓所謂『從兒格』是也。宜其巾幗英才。矯强特立。十五歲行來庚運。財星得祿。秀氣流動。自應一鳴驚人。聲譽震全國。芳蹤所至。公卿倒屣。惟明年丙火尅庚。辛以高危滿損爲戒。丁丑年或有關雎之兆。往後午運平淡。辛未十年。福祿綿密。壬運多險。四十歲繼以申金癸水酉金咸吉。五十五歲晉甲運。制傷破格。危如累卵矣。

甲午　八歲　戊寅
丁丑　十八　己卯
辛酉　廿八　庚辰
甲午　卅八　辛巳
　　　四八　壬午
　　　五八　癸未

周信芳君。藝名麒麟童。具雋才。爲劇界全能。稱梨園宗匠。余覘其命造。財殺兩強。而以日坐比祿。月得印綬爲根。第日主較弱。不堪任財任殺。所以富貴非願。絃歌寄情。仗義疎財。安貧潔己。然支中土金重重。可以幫身。是謂明病暗樂。宜其一曲風傳。萬人擊賞。殊非尋常優孟。可與同日而語也。再核運程。庚辰、辛、一派土金。盛名勿替。明年進巳字。三合金局。樓臺更上。四十八歲後。壬午十年。側重財殺。恐多糾紛。而宜倦飛知還矣。

辛酉
戊戌
丁未
壬寅

七歲	丁酉
十七	丙申
廿七	乙未
卅七	甲午
四七	癸巳
五七	壬辰
六七	辛卯

閻錫山封翁。富貴壽考。一身兼全。余嘗推評其命。丁誕戌月。干透戊土。爲傷官格。戊生辛財。辛生壬官。壬生寅印。寅又生身。循環不息。生氣盎然。如是命局。固不論金木水火土之歲運。或太過。或不及。皆得生化補救。致險無由。所以鶴骨松身。克享遐齡。而福祿綿密。令子賢肖。尤爲可貴。誠今世之郭汾陽也。按余講學於申商學會時。某君以辛酉戊戌丁未辛丑一造見詢。余斷爲棄命從傷。以甲午兩運最危。據云。亦政海名流。早於甲運騎馬墮亡。噫。僅與閻封翁之命。相差一時。而壽夭之異。有如是者。亦可畏矣。

乙酉 庚辰 壬寅 己酉

五歲 己卯
十五 戊寅
廿五 丁丑
卅五 丙子
四五 乙亥
五五 甲戌

孫傳芳死矣。世之論其功過者。嘖有煩言。無須再贅。惟既放下屠刀。皈依三寶。仍不善終。莫非命也。亦爲吾人所急欲研究者也。夫壬水歸庫於辰。金凡三見。乙木合去。金水佔優。以身强論。己土之官。助印有餘。拘身不足。應棄而用寅內丙財。賴其破印。並以爲表張耳。盛於丙運。用神得助也。敗於子運之末。用火忌見水也。乙運以還。寂然無聞。亥運合寅奪丙。每況愈下。本年乙亥。再逢十月亥建。三亥交攻。用神潰敗。殺人者終被人殺。夫復何疑。（以上四則。乙亥十月二版增刊）

鴛湖韋千里評命潤例

丙子三月重訂

清談命理　壹元

流年單批　貳元

命理批張　叁元

終身細批　陸元

全部逐批　念元

乾坤合婚　肆元

精選吉日　捌元

收件處

上海英大馬路大

慶里韋氏命苑

占筮類			
1	擲地金聲搜精秘訣	心一堂編	沈氏研易樓藏稀見易占秘鈔本
2	卜易拆字秘傳百日通	心一堂編	
3	易占陽宅六十四卦秘斷	心一堂編	火珠林占陽宅風水秘鈔本
星命類			
4	斗數宣微	【民國】王裁珊	民初最重要斗數著述之一；未刪改本
5	斗數觀測錄	【民國】王裁珊	失傳民初斗數重要著作
6	《地星會源》《斗數綱要》合刊	心一堂編	失傳的第三種飛星斗數
7	《斗數秘鈔》《紫微斗數之捷徑》合刊	心一堂編	珍稀「紫微斗數」舊鈔秘本
8	斗數演例	心一堂編	
9	紫微斗數全書（清初刻原本）	題【宋】陳希夷	斗數全書本來面目；有別於錯誤極多的坊本
10－12	鐵板神數（清刻足本）——附秘鈔密碼表	題【宋】邵雍	無錯漏原版 秘鈔密碼表　首次公開！
13－15	蠢子數纏度	題【宋】邵雍	蠢子數連密碼表 打破數百年秘傳　首次公開！
16－19	皇極數	題【宋】邵雍	清鈔孤本附起例及完整密碼表 研究神數必讀！
20－21	邵夫子先天神數	題【宋】邵雍	附手鈔密碼表 研究神數必讀！
22	八刻分經定數（密碼表）	題【宋】邵雍	皇極數另一版本；附手鈔密碼表
23	新命理探原	【民國】袁樹珊	子平命理必讀教科書！
24－25	袁氏命譜	【民國】袁樹珊	
26	韋氏命學講義	【民國】韋千里	民初二大命理家南袁北韋 北韋之命理經典
27	千里命稿	【民國】韋千里	
28	精選命理約言	【民國】韋千里	
29	滴天髓闡微——附李雨田命理初學捷徑	【民國】袁樹珊、李雨田	命理經典未刪改足本
30	段氏白話命學綱要	【民國】段方	民初命理經典最淺白易懂
31	命理用神精華	【民國】王心田	學命理者之寶鏡

32	命學探驪集	【民國】張巢雲	發前人所未發　稀見民初子平命理著作
33	澹園命談	【民國】高澹園	
34	算命一讀通——鴻福齊天	【民國】不空居士、覺先居士合纂	
35	子平玄理	【民國】施惕君	
36	星命風水秘傳百日通	心一堂編	
37	命理大四字金前定	題【晉】鬼谷子王詡	源自元代算命術
38	命理斷語義理源深	心一堂編	稀見清代批命斷語及活套
39-40	文武星案	【明】陸位	失傳四百年《張果星宗》姊妹篇　千多星盤命例　研究命學必備
相術類			
41	新相人學講義	【民國】楊叔和	失傳民初白話文相術書
42	手相學淺說	【民國】黃龍	民初中西結合手相學經典
43	大清相法	心一堂編	重現失傳經典相書
44	相法易知	心一堂編	
45	相法秘傳百日通	心一堂編	
堪輿類			
46	靈城精義箋	【清】沈竹礽	沈氏玄空遺珍　玄空風水必讀
47	地理辨正抉要	【清】沈竹礽	
48	《玄空古義四種通釋》《地理疑義答問》合刊	沈瓞民	
49	《沈氏玄空吹虀室雜存》《玄空捷訣》合刊	【民國】申聽禪	
50	漢鏡齋堪輿小識	【民國】查國珍、沈瓞民	
51	堪輿一覽	【清】孫竹田	失傳已久的無常派玄空經典
52	章仲山挨星秘訣（修定版）	【清】章仲山	章仲山無常派玄空珍秘　門內秘本首次公開
53	臨穴指南	【清】章仲山	
54	章仲山宅案附無常派玄空秘要	心一堂編	沈竹礽等大師尋覓一生末得之珍本！
55	地理辨正補	【清】朱小鶴	玄空六派蘇州派代表作
56	陽宅覺元氏新書	【清】元祝垚	簡易・有效・神驗之玄空陽宅法
57	地學鐵骨秘　附　吳師青藏命理大易數	【民國】吳師青	釋玄空廣東派地學之秘
58-61	四秘全書十二種（清刻原本）	【清】尹一勺	玄空湘楚派經典本來面目　有別於錯誤極多的坊本

62	地理辨正補註　附　元空秘旨　天元五歌　玄空精髓　心法秘訣等數種合刊	【民國】胡仲言	貫通易理、巒頭、三元、三合、天星、中醫
63	地理辨正自解	【清】李思白	公開玄空家「分率尺、工部尺、量天尺」之秘
64	許氏地理辨正釋義	【民國】許錦灝	民國易學名家黃元炳力薦
65	地理辨正天玉經內傳要訣圖解	【清】程懷榮	秘訣一語道破，圖文并茂
66	謝氏地理書	【民國】謝復	玄空體用兼備、深入淺出
67	論山水元運易理斷驗、三元氣運說附紫白訣等五種合刊	【宋】吳景鸞等	失傳古本《玄空秘旨》《紫白訣》
68	星卦奧義圖訣	【清】施安仁	三元玄空門內秘笈　清鈔孤本 過去均為必須守秘不能公開秘密 與今天流行飛星法不同
69	三元地學秘傳	【清】何文源	
70	三元玄空挨星四十八局圖說	心一堂編	
71	三元挨星秘訣仙傳	心一堂編	
72	三元地理正傳	心一堂編	
73	三元天心正運	心一堂編	
74	元空紫白陽宅秘旨	心一堂編	
75	玄空挨星秘圖　附　堪輿指迷	心一堂編	
76	姚氏地理辨正圖說　附　地理九星并挨星真訣全圖　秘傳河圖精義等數種合刊	【清】姚文田等	蓮池心法　玄空六法 門內秘鈔本首次公開
77	元空法鑑批點本——附　法鑑口授訣要、秘傳玄空三鑑奧義匯鈔　合刊	【清】曾懷玉等	
78	元空法鑑心法	【清】曾懷玉等	
79	蔣徒傳天玉經補註	【清】項木林、曾懷玉	
80	地理學新義	【民國】俞仁宇撰	
81	地理辨正揭隱（足本）　附連城派秘鈔口訣	【民國】王邈達	揭開連城派風水之秘
82	趙連城傳地理秘訣附雪庵和尚字字金	【明】趙連城	
83	趙連城秘傳楊公地理真訣	【明】趙連城	
84	地理法門全書	仗溪子、芝罘子	巒頭風水，內容簡核、深入淺出
85	地理方外別傳	【清】熙齋上人	巒頭形勢、「望氣」「鑑神」
86	地理輯要	【清】余鵬	集地理經典之精要
87	地理秘珍	【清】錫九氏	巒頭、三合天星，圖文並茂
88	《羅經舉要》　附《附三合天機秘訣》	【清】賈長吉	清鈔孤本羅經、三合訣法圖解
89-90	嚴陵張九儀增釋地理琢玉斧巒	【清】張九儀	清初三合風水名家張九儀經典清刻原本！

91	地學形勢摘要	心一堂編	形家秘鈔珍本
92	《平洋地理入門》《巒頭圖解》合刊	【清】盧崇台	平洋水法、形家秘本
93	《鑒水極玄經》《秘授水法》合刊	【唐】司馬頭陀、【清】鮑湘襟	千古之秘，不可妄傳匪人
94	平洋地理闡秘	心一堂編	雲間三元平洋形法秘鈔珍本
95	地經圖說	【清】余九皋	形勢理氣、精繪圖文
96	司馬頭陀地鉗	【唐】司馬頭陀	流傳極稀《地鉗》
97	欽天監地理醒世切要辨論	【清】欽天監	公開清代皇室御用風水真本
三式類			
98－99	大六壬尋源二種	【清】張純照	六壬入門、占課指南
100	六壬教科六壬鑰	【民國】蔣問天	由淺入深，首尾悉備
101	壬課總訣	心一堂編	過去術家不外傳的珍稀六壬術秘鈔本
102	六壬秘斷	心一堂編	
103	大六壬類闡	心一堂編	
104	六壬秘笈——韋千里占卜講義	【民國】韋千里	六壬入門必備
105	壬學述古	【民國】曹仁麟	依法占之，「無不神驗」
106	奇門揭要	心一堂編	集「法奇門」、「術奇門」精要
107	奇門行軍要略	【清】劉文瀾	條理清晰、簡明易用
108	奇門大宗直旨	劉毗	
109	奇門三奇干支神應	馮繼明	天下孤本　首次公開 虛白盧藏本《秘藏遁甲天機》 奇門不傳之秘　應驗如神
110	奇門仙機	題【漢】張子房	
111	奇門心法秘纂	題【漢】韓信（淮陰侯）	
112	奇門廬中闡秘	題【三國】諸葛武侯註	
選擇類			
113－114	儀度六壬選日要訣	【清】張九儀	清初三合風水名家張九儀擇日秘傳
115	天元選擇辨正	【清】一園主人	釋蔣大鴻天元選擇法
其他類			
116	述卜筮星相學	【民國】袁樹珊	民初二大命理家南袁北韋 南袁之術數經典
117－120	中國歷代卜人傳	【民國】袁樹珊	